Claudia Bunsen

W0182631

Bildergeschichten aus dem echten Leben

Gespräche anregen – Schreibanlässe bieten

Persen Verlag GmbH

Die Autorin:

Claudia Bunsen hat mehrjährige Erfahrungen als Lehrerin an einer Förderschule Schwerpunkt Lernen sowie im Gemeinsamen Unterricht an einer Gesamt- und Grundschule. Derzeit arbeitet sie als Lehrerin an einer Förderschule Schwerpunkt Sprache.

Hinweis: Zugunsten der besseren Lesbarkeit steht in diesem Buch der Begriff „Schüler" stellvertretend für Schülerinnen und Schüler.

Gedruckt auf umweltbewusst gefertigtem, chlorfrei gebleichtem
und alterungsbeständigem Papier.

2. Auflage 2010
Nach den seit 2006 amtlich gültigen Regelungen der Rechtschreibung
© by Persen Verlag GmbH, Buxtehude
Alle Rechte vorbehalten

Das Werk und seine Teile sind urheberrechtlich geschützt. Jede Nutzung in anderen als den gesetzlich zugelassenen Fällen bedarf der vorherigen schriftlichen Einwilligung des Verlages. Hinweis zu §52a UrhG: Weder das Werk noch seine Teile dürfen ohne eine solche Einwilligung eingescannt und in ein Netzwerk eingestellt werden. Dies gilt auch für Intranets von Schulen und sonstigen Bildungseinrichtungen.

Illustrationen: Dietmar Griese
Satz: MouseDesign Medien AG, Zeven

ISBN 978-3-8344-**3766**-2

www.persen.de

1. Einleitung

Bildergeschichten eignen sich hervorragend als Sprech- und Schreibanlässe. Allerdings fehlt es häufig an modern gestalteten Bildergeschichten zu aktuellen Jugendthemen. Genau hier setzt dieses Buch an und versucht mit modernen und zeitlosen Zeichnungen die Jugendlichen anzusprechen.

2. Aufbau

Insgesamt bietet dieses Buch:

- 7 Bildergeschichten zu aktuellen Jugendthemen
- Universal einsetzbare Aufgabenkarten für alle Bildergeschichten
- Kopiervorlagen mit unterschiedlichen Sprech- und Schreibanlässen speziell für jede Bildergeschichte
- Internetportale/Zusatzinformationen zum jeweiligen Themenschwerpunkt
  Hinweis: Da im Internet häufig „Umzüge" und damit verbundene Adressänderungen stattfinden, kann es möglich sein, dass ein Verweis nicht mehr funktioniert. Meist können Sie dann aber durch eine alternative Google-Suche zu Stichwörtern, die Sie im Text finden, ans Ziel gelangen.
  (Noch ein rechtlicher Hinweis: Für die Richtigkeit, Vollständigkeit und Aktualität der im Buch genannten Internet-Seiten kann der Verlag keine Gewähr übernehmen.)

3. Schwerpunkte und Einsatzmöglichkeiten des Materials

Mündlicher Sprachgebrauch

Schüler zum Sprechen und zu Gesprächen anzuregen und in ihrer Sprachhandlungskompetenz zu fördern, stellt einen wesentlichen Bestandteil des Deutschunterrichts in jeder Schulform und Klassenstufe dar.
Diesbezüglich benötigt man jedoch ansprechendes Material, welches zu einem intensiven Austausch und Gespräch anregt.

Sprechanlässe:

- Die Geschichte mithilfe der Bilder erzählen
- Bilder beschreiben
- Die Bilder in die richtige Reihenfolge bringen und Unstimmigkeiten gemeinsam besprechen
- Verschiedene Enden der Geschichte besprechen
- Diskussionsanlässe zu den Geschichten nutzen und diskutieren
- Rollenspiele (bei Bedarf kann auf vorhandene Kurzdialoge zurückgegriffen werden)

Schriftlicher Sprachgebrauch/Textproduktion

Viele Schüler haben Schwierigkeiten, erzählend zu schreiben. Oftmals fehlt es ihnen an Motivation, Ideen oder schlicht dem Wortschatz, um etwas auszudrücken.

Schreibanlässe:

- Freie Texte zu der Bildergeschichte schreiben
  (bei Bedarf Hilfestellungen wie verschiedene Satzanfänge und geeignete Adjektive anbieten)

Claudia Bunsen: Bildergeschichten aus dem echten Leben
© Persen Verlag GmbH, Buxtehude

- Eine bereits begonnene Geschichte zu einer Bildergeschichte fortführen
- Mithilfe von Wörterlisten Geschichten zu den Bildern schreiben
- Reizwortgeschichten zu den Bildergeschichten schreiben
- Die Bildergeschichte mit Sprech- und Gedankenblasen zu einem Comic umarbeiten
- Die einfache Vergangenheit (Präteritum) als Erzählzeit anwenden üben

Weitere Einsatzmöglichkeiten des Materials
Sinnentnehmendes Lesen
- Die Abschnitte der Erzähltexte lesen und in die richtige Reihenfolge bringen

Themengebundene Wortschatzerweiterung
- Unbekannte Wörter (aus den Erzähltexten sowie den Wörter- und Reizwörterlisten) nachschlagen und deren Bedeutungen notieren

Erweiterung bzw. Festigung grammatikalischer Fähigkeiten
- Die Erzähltexte in die einfache Vergangenheit (Präteritum) setzen
- Nomen und Adjektive in den Erzähltexten markieren

Verdeutlichung zeitlicher Abfolgen
- Die voneinander getrennten Bilder der Geschichte ordnen

Einsatz im fächerübergreifenden Unterricht
- Die Bildergeschichten sind auch im Biologie-, Religions-/Ethik- oder Politikunterricht zu den entsprechenden Thematiken einsetzbar

4. Inhaltliche Hinweise zu den Bildergeschichten und Kopiervorlagen

Ärger mit dem Chef

Intention: Ein Praktikant ist wenig motiviert und macht viele Pausen. Wird er entlassen oder bekommt er eine zweite Chance?

Lösungswort: Regal

Diebstahl

Intention: Darf/soll man klauen, wenn man kein Geld hat? Wird der Dieb erwischt? Hat sich der andere Junge zum Stehlen anstiften lassen?

Anmerkungen: Das mögliche Vorhandensein einer Überwachungskamera wird in der Bildergeschichte sowie im vorgegebenen Erzähltext nicht hervorgehoben. Diese Idee sollen die Schüler selbst entwickeln. Ebenso bleibt in der Bildergeschichte offen, ob es sich bei dem Mann am Ladenregal um einen Kunden oder sogar um einen Ladendetektiv handelt.

Lösungswort: Geld

© Persen Verlag GmbH, Buxtehude

Flirten

Intention: Wie endet der Abend? Ist es eine harmlose Bekanntschaft? Wie weit gehen die beiden Jugendlichen?

Lösungswort: süß

Eifersucht

Intention: Missverständliche Situation – der Partner ist wütend, wie reagiert er? Wie weit darf bzw. will man gehen, wenn man sich in einer festen Beziehung befindet? Gilt flirten vielleicht schon als Vertrauensmissbrauch?

Lösungswort: frech

Teenager-Schwangerschaft

Intention: Abtreibung, Adoption oder Baby?
Wie reagiert der Junge?
Wie steht er zu der Schwangerschaft?

Anmerkungen: Man könnte in diesem Zusammenhang – v. a. im Biologieunterricht – die Zuverlässigkeit handelsüblicher Schwangerschaftstests thematisieren. Vielleicht nimmt man Ergebnisse der Stiftung Warentest dazu oder lässt einige Mädchen bei ihren Gynäkologen nachfragen.

Lösungswort: Test

Im Bus

Intention: Rücksichtsloses Benehmen in der Öffentlichkeit (Lärm, lautes Reden, Musik aus MP3-Playern und Handys, Füße auf dem Sitz). Innerer Konflikt des Erwachsenen: „Sag ich was dazu?" Innerer Konflikt der Jugendlichen: „Mach ich, was der ältere Mann mir sagt? Stör ich wirklich? Der Mann soll uns in Ruhe lassen, sonst ..."

Lösungswort: laut

Waffenbesitz

Intention: Eine Gruppe Teenager versucht, ihr „Revier" zu verteidigen. Ist ein Messer ein gutes Mittel, seine Stärke zu demonstrieren? Wird der Junge sich wehren, obwohl sein Kontrahent ein Messer hat? Kommt das Messer zum Einsatz? Welche Folgen könnte der Messereinsatz haben?

Lösungswort: Zorn

Claudia Bunsen: Bildergeschichten aus dem echten Leben
© Persen Verlag GmbH, Buxtehude

5. Materialsammlung

Aufgaben- und Ideenkarten für alle Bildergeschichten

Wie könnte die Geschichte enden?

Fertige eine Mind Map an.

Erzähle eine Geschichte zu den Bildern.

Schreibe eine Geschichte zu den Bildern.

© Persen Verlag GmbH, Buxtehude

Tipps zum Schreiben von Geschichten

- Denke dir für die Personen **Namen** aus. Das macht die Geschichte lebendiger.
- Verwende **unterschiedliche Satzanfänge.** Dann klingt der Text viel interessanter.
- Benutze **wörtliche Rede.** Das macht die Geschichte noch mitreißender.
- Schreibe auch **Gedanken** auf.
- Verwende **abwechslungsreiche und treffende Verben und Adjektive.**
- Finde eine **passende Überschrift, die Interesse weckt.**
  Sag, worum es in der Geschichte geht, ohne jedoch alles zu verraten.
  Mach den Leser neugierig!

Verschiedene Satzanfänge

Zuerst ... Am Anfang ... Zu Beginn ... Anfänglich ... Anfangs ...
Ursprünglich ... Als Erstes ... Zunächst ... Die Geschichte beginnt damit, dass ...

Dann ... Danach ... Anschließend ... Als Nächstes ... Nun ... Später ...
Darauf ... Daraufhin ... Kurze Zeit später ... Kurz darauf ... Kurz danach ...
Nachdem ... Einige Zeit später ... Etwas später ... Im Anschluss daran ...
Mittlerweile ... Inzwischen ...

Bevor ... Kurz bevor ...

Zur selben Zeit ... Zur gleichen Zeit ... Gleichzeitig ... Währenddessen ...
Noch im selben Moment ... Im selben Augenblick ...

Plötzlich ... Auf einmal ... Ganz spontan ... Unverhofft ... Völlig unerwartet ...
In diesem Moment ...

Zum Schluss ... Am Schluss ... Am Ende ... Zuletzt ... Letztlich ...
Schließlich ... Abschließend ...

Claudia Bunsen: Bildergeschichten aus dem echten Leben
© Persen Verlag GmbH, Buxtehude

Erstelle einen Comic.

1. Schreibe in die Sprechblasen, was die Personen sagen.
2. Schreibe in die Gedankenblasen, was die Personen denken. (Nicht alles wird immer gesagt. Manchmal denkt man auch etwas ganz anderes, als man sagt.)
3. Klebe die Bilder, Sprech- und Gedankenblasen zu einem richtigen Comic zusammen auf ein DIN-A3-Blatt.

Schlage unbekannte Wörter nach.

Schreibe die Wörter auf und erkläre ihre Bedeutung:

_______________ ____

_______________ ____

_______________ ____

_______________ ____

_______________ ____

_______________ ____

_______________ ____

_______________ ____

_______________ ____

_______________ ____

C. Bunsen: Bildergeschichten aus dem echten Leben
© Persen Verlag GmbH, Buxtehude

Rollenspiel

Spielt die Bildergeschichte nach.

Überlegt euch:
- Wer spielt welche Person?
- Was könnten die Personen sagen? Macht euch Notizen.
- Spielt auch, wie sich die Personen fühlen (traurig, froh, ärgerlich, wütend, verzweifelt ...).
- Wo spielt die Geschichte? Benötigt ihr Materialien als Requisiten?
- Wie könnte die Geschichte enden? Spielt auch euer Ende vor.

Bildbeschreibung

Beschreibe nach einer klaren Struktur:

- Benenne die Handlung und den Ort des Geschehens **(WO passiert WAS).**

- Erkläre die Details **(WER macht WAS).**

- **Gib weitere Hintergrundinformationen zu den Personen (WIE** sehen sie aus? Wie ist die Körperhaltung? Wie ist der Gesichtsausdruck?), zu den **Gegenständen und der Handlung (WAS** passiert? Erkläre genauer!).

im Hintergrund, hinten

am linken Bildrand, links,
auf der linken Seite

am rechten Bildrand, rechts,
auf der rechten Seite

in der Mitte des Bildes/
im Vordergrund, vorne

weitere nützliche Wörter: neben, dahinter, davor

Claudia Bunsen: Bildergeschichten aus dem echten Leben
© Persen Verlag GmbH, Buxtehude

AUFGABE **Diskussionsrunde**

Überlegt euch:

- Wer leitet eure Diskussion?
- Teilt euch in zwei Gruppen auf.
  Die eine Gruppe ist dafür (pro) und die andere dagegen (kontra).
- Schreibt euch Stichworte auf.
- Tauscht eure Argumente sachlich aus. Achtet auf einen höflichen Ton.
- Der Diskussionsleiter achtet darauf, dass immer nur einer spricht.

IDEE **Deine Meinung äußern**

Diese Satzanfänge können dir helfen:

Ich bin der Meinung, dass ...

Meiner Meinung nach ...

Ich finde, dass ...

Ich meine, ...

Es stimmt, was du sagst, aber ...

Das siehst du falsch, denn ...

Es ist aber so, dass ...

Deshalb meine ich, dass ...

© Persen Verlag GmbH, Buxtehude

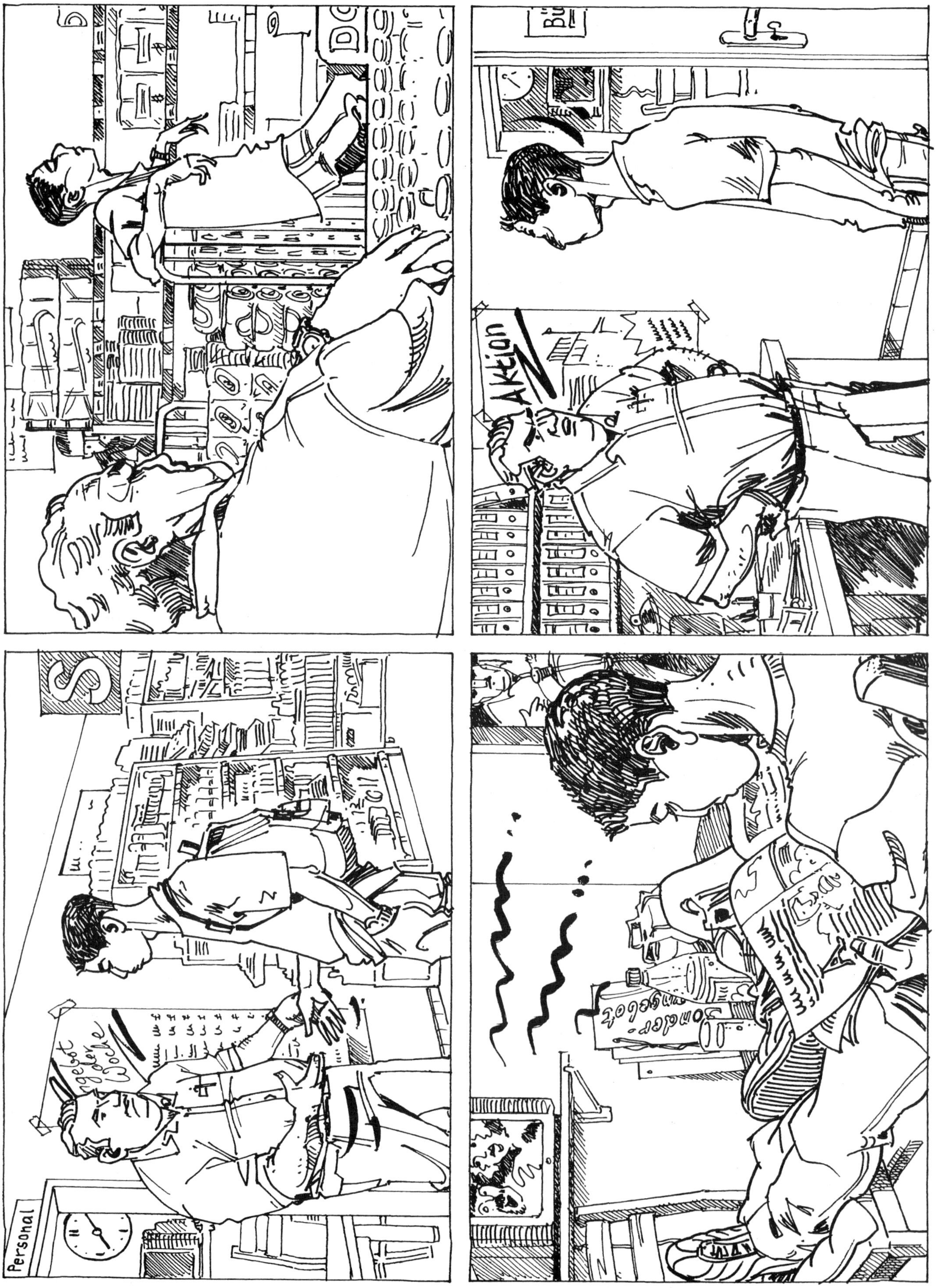

C. Bunsen: Bildergeschichten aus dem echten Leben
© Persen Verlag GmbH, Buxtehude

Möglichkeiten, wie die Geschichte enden könnte

1. Der Junge wird vom Filialleiter ermahnt. Er sieht seine Fehler jedoch nicht ein und widerspricht. Da lässt ihm der Filialleiter die Wahl, seine Arbeitseinstellung zu ändern oder sofort zu gehen.

2. Der Junge wird vom Filialleiter ermahnt. Er soll sich mehr anstrengen und selbst nachdenken, wo er mithelfen kann. Der Filialleiter gibt dem Jungen den Tipp, dass er sich die Arbeit seiner Kollegen anschauen und mithelfen soll. Wenn er nicht weiterweiß, soll der Junge einfach einen Kollegen fragen. Wenn der Junge diese Tipps befolgt, wird er nicht entlassen.

3. Der Filialleiter entlässt den Jungen sofort, weil er ihn schon zu oft beim Faulenzen beobachtet hat. Außerdem gibt es genügend Jugendliche, die sich um einen Praktikumsplatz bemühen und sich anstrengen.

Wörterliste zum Erzählen oder Schreiben der Geschichte

Chef, Vorgesetzter, Betreuer, Filialleiter
verantwortlich, weisungsberechtigt
autoritär, Respekt einflößend, ernsthaft, grimmig, sauer, ernst

Praktikant, Jugendlicher, Auszubildender
pünktlich, unpünktlich, zuverlässig, unzuverlässig, fleißig, faul
motiviert, unmotiviert, gelangweilt
zufrieden, unzufrieden

Verkaufsraum, Pausenraum, Aufenthaltsraum
Ware, Neuware, Flaschen, Packungen, Sachen, Lebensmittel, Hygieneartikel

Hubwagen, Gitterwagen
einräumen, einsortieren, einordnen
stehen, herumstehen, anlehnen, träumen, faulenzen

Uhr, Wanduhr, Armbanduhr

© Persen Verlag GmbH, Buxtehude

Rollenspiel

Regieanweisung: Robin hat heute seinen ersten Praktikumstag im Supermarkt. Er ist zehn Minuten zu spät dran. Der Filialleiter guckt etwas verärgert, spricht aber freundlich.

Robin: „Hallo!"

Filialleiter: „Guten Tag! Willkommen in unserem Supermarkt. Ich hoffe, du kommst hier gut zurecht. Ich werde dir gleich mal deinen Arbeitsplatz zeigen und dann kannst du auch sofort mit dem Auffüllen der Regale anfangen."

Regieanweisung: Einige Stunden später soll Robin eigentlich die Regale auffüllen. Stattdessen lehnt er jedoch in aller Ruhe am Gitterwagen. Der Filialleiter beobachtet ihn.

Robin: „Oh Mann, die ganzen Regale einzuräumen nervt!"

Filialleiter: „Sieh mal an! Mein neuer Praktikant gibt sich ja nicht besonders viel Mühe. Steht da dumm rum und guckt in die Gegend. Den muss ich mal im Auge behalten."

Regieanweisung: Später sitzt der Junge in aller Ruhe im Aufenthaltsraum. Der Filialleiter beobachtet ihn wieder.

Robin: „Na, so lässt sich das Praktikum ganz gut aushalten. Und der Chef sieht mich hier ja nicht. Da kann ich erst einmal in Ruhe fernsehen und lesen."

Filialleiter: „Na, prima! Der lässt es sich hier gut gehen. Isst und trinkt auf meine Kosten, anstatt endlich mal zu arbeiten. Den muss ich mir wohl bald mal vorknöpfen, wenn das so weitergeht."

Regieanweisung: Noch am selben Arbeitstag ruft der Filialleiter Robin in sein Büro.

Robin: „Hallo. Was gibt es denn?"

Filialleiter: „Das kann ich dir sagen. So geht es nicht weiter. Ich finde es unmöglich, dass ich dich an deinem ersten Praktikumstag hier nur habe faulenzen sehen …"

C. Bunsen: Bildergeschichten aus dem echten Leben
© Persen Verlag GmbH, Buxtehude

Diskussion

Schreibe deine Argumente auf.

Gruppe 1: **Ich finde, der Chef sollte den Jungen entlassen, weil ...**

Diskussion

Schreibe deine Argumente auf.

Gruppe 2: **Ich finde, der Chef sollte den Jungen nicht entlassen, weil ...**

© Persen Verlag GmbH, Buxtehude

Schreibe eine Reizwortgeschichte.

Folgende Wörter sollen in der Geschichte vorkommen:

Büro Supermarkt

unzufrieden Filialleiter

unfreundlich Praktikant

Kunde Regal

faul Ware

herumstehen einräumen

Schreibe die Geschichte weiter.

Schau dir die Bildergeschichte genau an.
Lies den Geschichtenanfang und schreibe die Geschichte weiter.
Finde auch ein passendes Ende.

Heute beginnt für Robin das dreiwöchige Betriebspraktikum im Supermarkt. Er ist mal wieder ein bisschen zu spät aus dem Bett gekommen. Deswegen lässt er sich aber noch lange nicht hetzen, sondern überlegt sich: „Na, dann bin ich halt 10 Minuten später da. Das macht ja wohl mal eben gar nichts!“

Der Filialleiter Herr Schneider guckt aber doch ein wenig unfreundlich. Er begrüßt Robin: „...“

C. Bunsen: Bildergeschichten aus dem echten Leben
© Persen Verlag GmbH, Buxtehude

Treffende Verben

begrüßen

durchführen, absolvieren, machen

einräumen, einordnen, einsortieren

herüberschauen, anschauen, zuschauen, beobachten, beäugen, im Auge behalten

sich wundern, sich ärgern, sich aufregen

sich langweilen, sich ausruhen, faulenzen, pausieren

ins Büro bitten, zu sich bestellen, zu sich rufen, herbeirufen

ermahnen, abmahnen, schimpfen

Treffende Adjektive

müde, faul, unmotiviert, gelangweilt, lässig, entspannt

anstrengend, langweilig, eintönig, arbeitsintensiv

heimlich, unentdeckt, unbemerkt

verärgert, zornig, enttäuscht, genervt

überrascht, erstaunt, überrumpelt, sprachlos

© Persen Verlag GmbH, Buxtehude

Das Praktikum

Robin guckt daraufhin nur ein wenig schräg und schluckt ein „Jetzt stell dich mal nicht an!" herunter.
Kurze Zeit später findet sich Robin vor einem halbvollen Regal wieder. Dort lehnt er sich an einen Gitterwagen und starrt entspannt um sich herum. Nach der ganzen Rennerei am frühen Morgen gönnt er sich jetzt erst einmal eine Pause. „Ich bekomme hier kein Geld, also lass ich mir auch keinen Stress machen!" Sein Chef schaut mit einem Blick auf seine Armbanduhr zu Robin herüber und denkt: „Sieh mal an! Mein neuer Praktikant gibt sich ja nicht besonders viel Mühe. Steht da dumm rum und guckt in die Gegend. Den muss ich mal im Auge behalten." **G**

Der Filialleiter Herr Schneider guckt aber doch ein wenig unfreundlich. Er begrüßt Robin mit den Worten: „Guten Morgen! Willkommen in unserem Supermarkt. Ich hoffe, du kommst hier gut zurecht. Ich werde dir gleich mal deinen Arbeitsplatz zeigen und dann kannst du auch sofort mit dem Auffüllen der Regale anfangen. Dabei kannst du gleich die 10 Minuten Verspätung wieder ausgleichen." **E**

Am Ende des Arbeitstages wird Robin vom Filialleiter ins Büro gerufen. Dort stellt sich Herr Schneider mit ernstem Gesicht vor ihn. Da überlegt Robin: „Was ist denn jetzt los?" Dann erklärt ihm der Filialleiter in ernstem Ton: „So geht es nicht weiter! Ich finde es unmöglich, dass ich dich an deinem ersten Praktikumstag hier nur habe faulenzen sehen. Deshalb habe ich mir überlegt, ..." **L**

Später ruht sich Robin im Aufenthaltsraum aus. Über seine Kollegen macht er sich dabei keine Gedanken. „Die würden die Arbeit ja schließlich auch alleine machen, wenn ich nicht zufällig zum Praktikum hier wäre!" Er holt sich ein Getränk und legt seine Füße auf einen Stuhl. „Na, so lässt sich das Praktikum ganz gut aushalten. Und der Chef sieht mich hier ja nicht. Da kann ich erst einmal in Ruhe fernsehen und lesen." Sein Chef beobachtet Robin jedoch heimlich und ärgert sich über seine Faulheit. **A**

↓

C. Bunsen: Bildergeschichten aus dem echten Leben
© Persen Verlag GmbH, Buxtehude

↓

Heute beginnt für Robin das dreiwöchige Betriebspraktikum im Supermarkt. Er ist mal wieder ein bisschen zu spät aus dem Bett gekommen. Deswegen lässt er sich aber noch lange nicht hetzen, sondern überlegt sich: „Na, dann bin ich halt 10 Minuten später da. Das macht ja wohl mal eben gar nichts!“ **R**

Lösungswort:

1	2	3	4	5

Das Praktikum

1. Ordne die Abschnitte und finde das Lösungswort.
2. Unterstreiche alle Nomen grün und alle Adjektive blau.
3. Die Geschichte ist schon länger her.
   Schreibe die Geschichte in der einfachen Vergangenheit auf.

© Persen Verlag GmbH, Buxtehude

Internetportale/Zusatzinformationen zum Thema Betriebspraktikum

Materialpakete zum Thema Schülerbetriebspraktikum kann man z. B. bei Banken, Krankenkassen und der Arbeitsagentur bekommen.

www.arbeitsschutz.nrw.de
Auf den Seiten des Ministeriums für Arbeit, Gesundheit und Soziales des Landes Nordrhein-Westfalen kann man einen „Leitfaden Schülerbetriebspraktikum – Arbeitsschutz" kostenlos herunterladen.

Unter der Adresse **www.arbeitsschutz.nrw.de/take_care/take_care_informationen/projekt.html** finden Lehrpersonen zudem spezielle Informationen zum Arbeitsschutz bezogen auf Kinder und Jugendliche.

www.take-care.nrw.de
Hierbei handelt es sich um ein Projekt der Arbeitsgemeinschaft Jugend und Bildung e. V., welches vom Ministerium für Arbeit, Gesundheit und Soziales des Landes Nordrhein-Westfalen und den Europäischen Sozialfonds gefördert wurde. Hier steht eine 24-seitige Unterrichts- und Informationsbroschüre zum kostenlosen Download bereit.

Unter **http://www.machs-richtig.de/Lehrer/Die_Medienkombination/Grusswort** können Lehrpersonen Schülerarbeitshefte oder Medienkombinationen rund ums Thema Berufswahl und Praktikum bestellen.

Über die Internetseiten **www.in-eigener-sache.de** findet man u. a. 12 Leitsätze für Jugendliche in eigener Sache. Hier werden beispielhaft 12 Schlüsselqualifikationen wie z. B. Fleiß oder Höflichkeit thematisiert. Diese Aufstellung kann man auch als pdf-Dokument herunterladen.

Das Kündigungsschutzgesetz (KSchG) findet man z. B. als pdf-Datei über den Internetauftritt **www.arbeitsagentur.de**. Hier findet man noch zahlreiche andere Informationen und Publikationen rund um Arbeit, Praktikum und Co.

Allgemeinere Informationen zum Arbeitsrecht findet man auf den Seiten des Bundesministeriums für Arbeit und Soziales unter **www.bmas.de**.

C. Bunsen: Bildergeschichten aus dem echten Leben
© Persen Verlag GmbH, Buxtehude

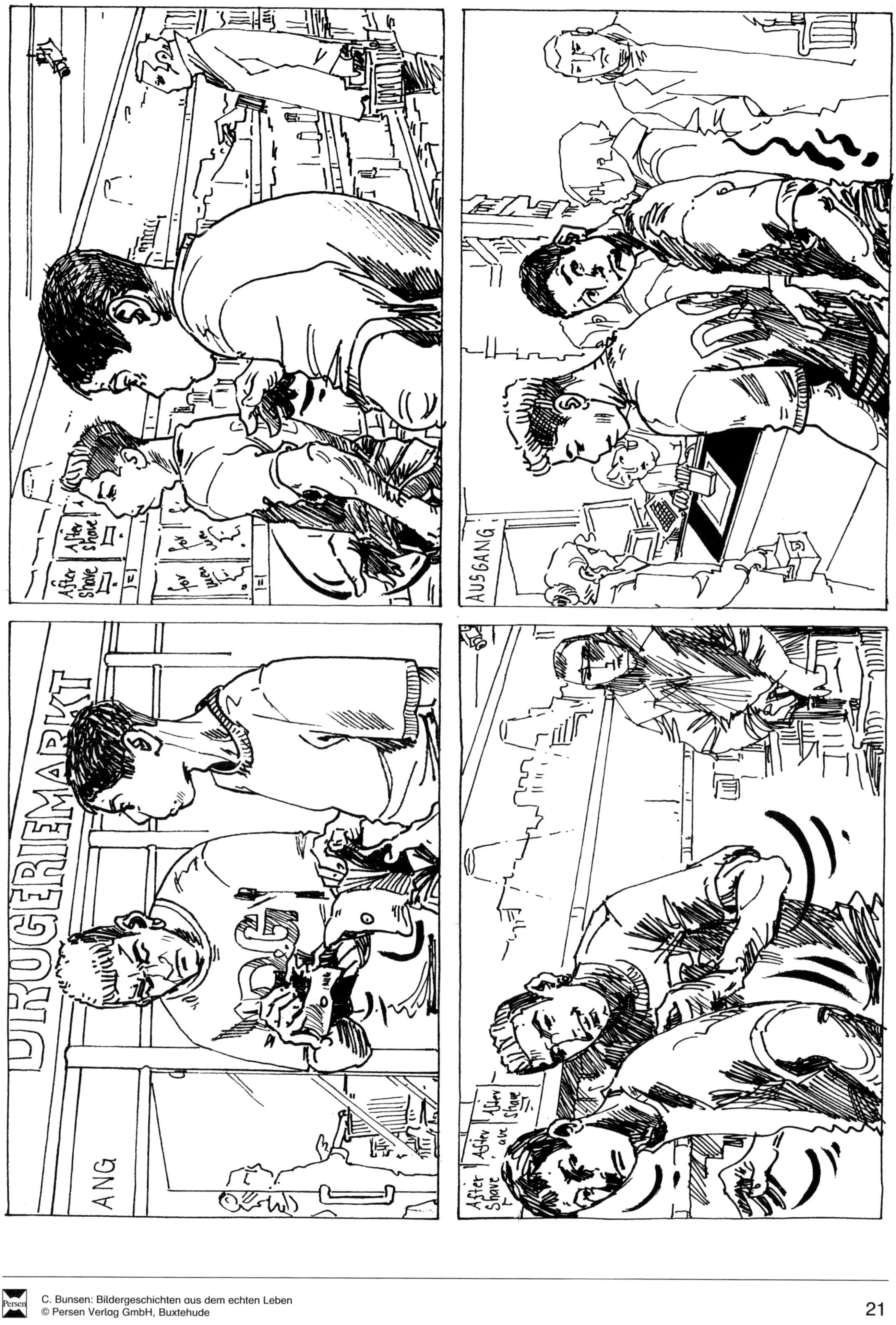

© Persen Verlag GmbH, Buxtehude

Möglichkeiten, wie die Geschichte enden könnte

1. Die Jungen gehen an der Kasse vorbei und aus dem Laden hinaus. Einer der Jungen hat es geschafft, ein Aftershave zu klauen.
2. Die Jungen gehen an der Kasse vorbei und aus dem Laden hinaus. Da kommt ihnen der Mann aus der Schlange hinterher und fragt sie, ob sie nicht etwas vergessen haben.
3. Der Mann spricht die beiden an, noch bevor sie an der Kasse vorbei sind. Er sagt, er sei der Ladendetektiv. Er nimmt die beiden mit in sein Büro und findet ein Aftershave bei einem der Jungen. Daher ruft er die Polizei und ihre Eltern an. Der eine Junge erhält eine Anzeige. Beide haben von nun an Ladenverbot.
4. Der Mann spricht die beiden an, noch bevor sie an der Kasse vorbei sind. Er sagt, er sei der Ladendetektiv. Er nimmt die beiden mit in sein Büro und stellt fest, dass beide etwas eingesteckt haben. Beide bekommen eine Anzeige und haben von nun an Ladenverbot.

Wörterliste zum Erzählen oder Schreiben der Geschichte

Drogeriemarkt, Drogerie, Geschäft, Laden, Filiale
kaufen, einkaufen
Portemonnaie, Geldbörse, Geldtasche

Verkaufsraum, Regal, Regalwand, Auslage, Angebot
befinden sich, stehen, liegen, sind

Sachen, Waren, Flaschen, Verpackungen
Aftershave, Rasierschaum, Rasiergel, Deodorant, Eau de Toilette, Parfüm

aussuchen, umsehen, ansehen, stöbern
unentschlossen, unentschieden, unsicher

einstecken, in die Tasche stecken, klauen, stehlen, mitgehen lassen
Kamera, Überwachungskamera, Überwachungssystem, Diebstahlsicherung, Diebstahlschutz

Kasse, Kassiererin, Warteschlange, Kunde, Hausdetektiv

C. Bunsen: Bildergeschichten aus dem echten Leben
© Persen Verlag GmbH, Buxtehude

Rollenspiel

Regieanweisung: Pascal und Marco stehen vor einer Drogerie. Eigentlich wollten sie sich Aftershaves kaufen, um die Mädchen zu beeindrucken.

Pascal: „Wie viel Geld hast du noch? Mein Geld reicht wohl nur noch für Kaugummi."
Marco: „Ich habe auch nur noch gut 5 Euro. Dafür kann ich nur ein extra billiges Aftershave kaufen. Ansonsten muss Deo reichen."
Pascal: „Na, dann! Lass uns trotzdem mal reingehen."
Marco: „Ja. Gucken wir mal, was die hier so haben."

Regieanweisung: Die beiden Jungs betreten also den Drogeriemarkt und gehen an den Regalen entlang.

Pascal: „Hier sind ja die Aftershaves."
Marco: „Ach, ja. Aber die kosten wirklich zu viel. 9,95 Euro, 18,95 Euro, 34,75 Euro. Die sind mir alle zu teuer."
Pascal: „Mir auch. Aber das darf doch nicht sein!"

Regieanweisung: Mittlerweile steht auch ein Mann am Regal. Er ist etwas entfernt und schaut in die Richtung der beiden Jungen.

Pascal: „Bei den Preisen müssen wir uns eigentlich einfach eine Flasche einstecken. Das kapiert doch eh keiner. Bezahlen kann man so was doch gar nicht."
Marco: „Einstecken? Na, ich weiß nicht ..."

Regieanweisung: Pascal steckt sich eine Flasche Aftershave in die Hosentasche.

Pascal: „Los, nimm dir auch schnell eine und dann nichts wie raus!"

Regieanweisung: Marco überlegt und ...

Diskussion

Schreibe deine Argumente auf.

Gruppe 1: **Ich finde, man darf klauen, wenn man kein Geld hat, weil ...**

Diskussion

Schreibe deine Argumente auf.

Gruppe 2: **Ich finde, man darf nicht klauen, auch wenn man kein Geld hat, weil ...**

© Persen Verlag GmbH, Buxtehude

Schreibe eine Reizwortgeschichte.

Folgende Wörter sollen in der Geschichte vorkommen:

einstecken
aussuchen
Kasse
Kamera

Geschäft
Geld
unsicher
unauffällig

Schreibe die Geschichte weiter.

Schau dir die Bildergeschichte genau an.
Lies den Geschichtenanfang und schreibe die Geschichte weiter.
Finde auch ein passendes Ende.

Pascal und Marco wollen sich gerne neue Aftershaves besorgen. So können sie die Mädchen ein bisschen besser auf sich aufmerksam machen. Aber leider sind mal wieder beide pleite. Trotzdem sagt Pascal: „Lass uns einfach mal in den Drogeriemarkt reingehen. Mal sehen, was die da so für uns haben." ...

© Persen Verlag GmbH, Buxtehude

Treffende Verben

schauen, hineinschauen

kaufen, einkaufen

betreten, reingehen, hineingehen

befinden sich, stehen, liegen, sind, sieht man

aussuchen, umsehen, ansehen, stöbern

einstecken, in die Tasche stecken, klauen, stehlen, mitgehen lassen

sich nicht um ... kümmern, sich nicht von ... stören lassen

vorbeigehen

Treffende Adjektive

leer, pleite

unentschlossen, unentschieden, unsicher

misstrauisch, neugierig, interessiert

unbekümmert, unbesorgt, locker, lässig

verkrampft, nervös, ängstlich

riskant, verboten, strafbar

C. Bunsen: Bildergeschichten aus dem echten Leben
© Persen Verlag GmbH, Buxtehude

Zugegriffen

Kurze Zeit später stehen die beiden Jungen vor einem Regal mit Aftershaves und schauen sich das Angebot genauer an. Da stellt Marco enttäuscht fest: „Die kosten wirklich zu viel. 9,95 Euro, 18,95 Euro, 34,75 Euro. Die sind mir alle zu teuer." Währenddessen spielt Pascal mit dem Gedanken, einfach ein Aftershave einzustecken. Marco merkt, was sein Freund vorhat, und flüstert ihm zu: „Pass auf! Der Mann da drüben sieht das doch bestimmt!" Aber Pascal antwortet bloß: „Ach was! Der sucht sich selbst gerade was aus. Wir interessieren den doch gar nicht." Und schon steckt Pascal eine kleine Flasche Aftershave in seine Hosentasche. Danach schubst er Marco, damit er sich auch eine nimmt und danach vorwärtsgeht. Marco schaut verunsichert. **E**

Schließlich versuchen die beiden Jungen, unauffällig an der Kasse vorbeizugehen. Dabei zischt Marco seinen Kumpel an: „Nun mach schon schneller! Aber guck nicht so verkrampft! Es sind nur noch ein paar Schritte bis zum Ausgang ..." **D**

Pascal und Marco wollen sich gerne neue Aftershaves besorgen. So können sie die Mädchen ein bisschen besser auf sich aufmerksam machen. Aber leider sind mal wieder beide pleite. Trotzdem sagt Pascal: „Lass uns einfach mal in den Drogeriemarkt reingehen. Mal sehen, was die da so für uns haben." **G**

Als die beiden endlich auf die Kasse zukommen, wird ihnen dann doch mulmig. Die Kassiererin guckt sie irgendwie misstrauisch an. Da bemerkt Pascal auch noch: „Oh nein! Hinter uns ist der Mann von eben! Verfolgt der uns etwa?"
Der Mann vom Nachbarregal stellt sich tatsächlich nicht in die Warteschlange. Stattdessen kommt er immer näher. **L**

Lösungswort:

1	2	3	4

© Persen Verlag GmbH, Buxtehude

Diebstahl

1. Ordne die Abschnitte und finde das Lösungswort.

2. Unterstreiche alle Nomen grün und alle Adjektive blau.

3. Die Geschichte ist schon länger her.
   Schreibe die Geschichte in der einfachen Vergangenheit auf.

C. Bunsen: Bildergeschichten aus dem echten Leben
© Persen Verlag GmbH, Buxtehude

Internetportale/Zusatzinformationen zum Thema Diebstahl

www.gesetze-im-internet.de/jgg/
Jugendgerichtsgesetz
Das Bundesministerium der Justiz stellt in einem gemeinsamen Projekt mit der juris GmbH nahezu das gesamte aktuelle Bundesrecht kostenlos im Internet zur Verfügung. Hier findet man z. B. unter Paragraf 5, 17 und 18 Folgen, Formen und Dauer von Jugendstrafen.

www.gesetze-im-internet.de/stgb/
Strafgesetzbuch
Das Bundesministerium der Justiz stellt in einem gemeinsamen Projekt mit der juris GmbH nahezu das gesamte aktuelle Bundesrecht kostenlos im Internet zur Verfügung. Hier findet man unter den Paragrafen 242–248c Definitionen und Strafmaße in Bezug auf Diebstahl und Unterschlagung.

§ 242 StGB
Diebstahl
Neunzehnter Abschnitt (Besonderer Teil)
(1) Wer eine fremde bewegliche Sache einem anderen in der Absicht wegnimmt, die Sache sich oder einem Dritten rechtswidrig zuzueignen, wird mit Freiheitsstrafe bis zu fünf Jahren oder mit Geldstrafe bestraft.
(2) Der Versuch ist strafbar.

Für weitere Recherchen zum Thema „Recht/Gesetz" kann man neben der örtlichen Polizei auch die Internetseiten unter **www.rechtswoerterbuch.de** nutzen.

C. Bunsen: Bildergeschichten aus dem echten Leben
© Persen Verlag GmbH, Buxtehude

Möglichkeiten, wie die Geschichte enden könnte

1. Die beiden bleiben den ganzen Abend in der Sitzecke der Disco und unterhalten sich. Sie schauen sich dabei immer wieder tief in die Augen. Die Freundin des Mädchens geht enttäuscht nach Hause.

2. Die beiden unterhalten sich einige Zeit. Dann verlassen sie gemeinsam die Disco. Das Mädchen bittet seine Freundin um Verständnis.

3. Nach einem Gespräch verlieren die beiden das Interesse aneinander. Sie haben festgestellt, dass sie nicht zueinanderpassen.

Wörterliste zum Erzählen oder Schreiben der Geschichte

Disco, Club
sich in ... befinden, stehen, sitzen, tanzen, feiern

Leute, Jugendliche, Junge, Mädchen, junger Mann, junge Frau, Teenager, Bar, Hocker, Bedienung, Barmixer/-in, Tanzfläche, Discoraum

ansehen, schauen, lächeln, anlächeln, zulächeln, zwinkern, flirten

toll, attraktiv, hübsch, süß

auffordernd, aufmunternd, anzüglich, zweideutig, verwegen, entschlossen, elektrisiert, verführerisch

nicht beachten, links liegen lassen, vergessen, vernachlässigen, verlassen, weggehen

Rollenspiel

Regieanweisung: Andrea und Monika haben sich für Freitagabend vor der Disco verabredet.

Andrea: „Hi! Lass uns direkt reingehen. Ich bin gespannt, wer alles da ist!“
Monika: „Gute Idee!“

Regieanweisung: Die beiden gehen hinein, geben ihre Jacken ab, holen sich ein Getränk und stellen sich erst einmal neben die Tanzfläche.

Andrea: „Super! Von hier aus können wir genau sehen, wer reinkommt oder tanzen geht.“
Monika: „Ja, stimmt! Hier haben wir alles im Blick. Meinst du wir treffen ein, zwei tolle Jungs?“

Regieanweisung: Mittlerweile werden die beiden von einem Jungen beobachtet, der an der Theke sitzt.

Andrea: „Ich glaube, da ist schon einer. Der Junge an der Theke ist ja wohl süß!“
Monika: „Ach, meinst du den? Der guckt auch schon zu uns herüber.“

Regieanweisung: Der Junge kommt auf das eine Mädchen zu und spricht es an.

Christoph: „Hi! Ich wusste gar nicht, dass hier auch so hübsche Mädchen hinkommen! Ich finde den Laden ja nicht so toll. Was meinst du?“
Andrea: „Och, ich find's eigentlich ganz nett hier. Die Musik ist prima.“

Regieanweisung: Die beiden scheinen die Freundin des Mädchens komplett vergessen zu haben. Sie lassen sie einfach links liegen und schauen sich immer intensiver in die Augen.

Christoph: „Kommst du mit in die Sitzecke? Da können wir uns in Ruhe unterhalten.“
Andrea: „Eigentlich bin ich ja mit meiner Freundin hier!“
Christoph: „Ach, mach dir keine Sorgen! Die kommt schon zurecht!“

C. Bunsen: Bildergeschichten aus dem echten Leben
© Persen Verlag GmbH, Buxtehude

Diskussion

Schreibe deine Argumente auf.

Gruppe 1: **Ich finde, man darf eine Freundin bzw. einen Freund in der Disco ruhig allein lassen, wenn man jemanden kennenlernt, weil ...**

Diskussion

Schreibe deine Argumente auf.

Gruppe 2: **Ich finde, man darf eine Freundin bzw. einen Freund auf keinen Fall in der Disco allein lassen, wenn man jemanden kennenlernt, weil ...**

Zusatzfrage

Wie weit sollte man am ersten Abend gehen/nicht gehen?

© Persen Verlag GmbH, Buxtehude

Schreibe eine Reizwortgeschichte.

Folgende Wörter sollen in der Geschichte vorkommen:

Disco

nett auffallen

Bar attraktiv

Tanzfläche tanzen

ansprechen Getränk

vergessen Junge

flirten Mädchen

anlächeln Musik

Schreibe die Geschichte weiter.

Schau dir die Bildergeschichte genau an.
Lies den Geschichtenanfang und schreibe die Geschichte weiter.
Finde auch ein passendes Ende.

Am frühen Abend sitzt Christoph in einer Disco an der Theke. Er schaut interessiert zu zwei Mädchen hinüber, die ihm eben aufgefallen sind. Die beiden Mädchen stehen neben der Tanzfläche und unterhalten sich miteinander. „Die mit dem Minirock ist ja echt süß! Die sollte ich im Auge behalten!", denkt er sich.

Einige Zeit später ...

C. Bunsen: Bildergeschichten aus dem echten Leben
© Persen Verlag GmbH, Buxtehude

Treffende Verben

auffallen, aufmerksam werden auf ..., beobachten, ansehen

Mut fassen, seinen Mut zusammennehmen, sich ein Herz fassen

ansprechen, sich unterhalten, miteinander reden

flirten, lächeln, anlächeln, zulächeln, zwinkern, flirten

vergessen, links liegen lassen, ignorieren

abwenden, wegdrehen, umdrehen, wegsehen

Treffende Adjektive

attraktiv, hübsch, anziehend, elektrisierend

interessiert, auffordernd, aufmunternd, anzüglich, verwegen, entschlossen

tief, intensiv

links liegen lassen, vernachlässigen, vergessen

genervt, verärgert, enttäuscht

© Persen Verlag GmbH, Buxtehude

In der Disco

Einige Zeit später bemerkt Christoph, dass das Mädchen zu ihm zurückschaut. Sie findet ihn ebenfalls attraktiv und denkt sich: „Der Typ an der Theke ist ja süß! Ich glaube, der beobachtet mich." Da lächelt Christoph das Mädchen auch schon auffordernd an. Schließlich hat er nichts zu verlieren. Als sie zurücklächelt, hat er die vielen anderen Leute um sich herum schon fast vergessen. **U**

Am frühen Abend sitzt Christoph in einer Disco alleine an der Theke. Er schaut interessiert zu zwei Mädchen hinüber, die ihm eben aufgefallen sind. Die beiden Mädchen stehen neben der Tanzfläche und unterhalten sich miteinander. Er denkt: „Die mit dem Minirock ist ja echt süß! Die sollte ich im Auge behalten." **S**

Christoph und Andrea unterhalten sich über Discos und Musik. Schon nach kurzer Zeit legt Christoph seine Hand auf Andreas Oberarm und schaut ihr tief in die Augen. **ß**

Nach einigem Zögern fasst Christoph Mut und geht zu den beiden Mädchen hinüber. Aus dem Gespräch der beiden Freundinnen schnappt er auf, dass sein Schwarm Andrea heißt. Etwas unsicher fragt er: „Andrea, willst du den ganzen Abend hier neben der Tanzfläche stehen? Oder hast du nicht Lust, dich mit mir in der Sitzecke zu unterhalten?" Andrea lächelt ihn etwas verlegen an und antwortet nur: „Ich weiß noch nicht, eigentlich bin ich ja mit meiner Freundin hier." Sie unterhalten sich jedoch weiter und Andrea scheint ihre Freundin völlig zu vergessen. Die beiden beachten sie kaum noch. Daher wendet sich Monika genervt ab und schlürft an ihrer Cola. **E**

Lösungswort:

1	2	3	4

C. Bunsen: Bildergeschichten aus dem echten Leben
© Persen Verlag GmbH, Buxtehude

In der Disco

1. Ordne die Abschnitte und finde das Lösungswort.
2. Unterstreiche alle Nomen grün und alle Adjektive blau.
3. Die Geschichte ist schon länger her.
   Schreibe die Geschichte in der einfachen Vergangenheit auf.

© Persen Verlag GmbH, Buxtehude

C. Bunsen: Bildergeschichten aus dem echten Leben
© Persen Verlag GmbH, Buxtehude

Möglichkeiten, wie die Geschichte enden könnte

1. Der Freund des Mädchens kommt zurück. Da verschwindet der andere Junge.
2. Der Junge beachtet den Freund des Mädchens gar nicht. Das Mädchen dreht sich aber zu ihrem Freund um und wendet sich von dem Jungen ab.
3. Der Freund kommt zurück. Das Mädchen flirtet jedoch mit dem Jungen einfach weiter. Da verlässt der Freund die Party und verschwindet enttäuscht.
4. Der Freund ist eifersüchtig und zieht seine Freundin verärgert von dem Jungen weg. Sie versteht seine Aufregung nicht und findet, dass er überreagiert.
5. Der Freund ist eifersüchtig und fängt mit dem Jungen einen Streit an.

Wörterliste zum Erzählen oder Schreiben der Geschichte

Party, Feier, Fete
privat, zu Hause, daheim
feiern, tanzen, lachen, sich unterhalten
(sich) küssen

Freund, Freundin, Paar, Pärchen
weggehen, wegdrehen, rausgehen, verlassen
umdrehen, herüberdrehen, herübersehen, ansehen

selbstbewusst, lässig, cool, frech, attraktiv, interessiert

ansprechen, anlächeln, flirten

eng beieinanderstehen, eng voreinanderstehen

auffallend, auffällig, extrem, sehr, durchaus

wütend, rasend, kochend vor Wut, tobend

traurig, eifersüchtig, gekränkt, verletzt, verärgert, enttäuscht

Eifersucht, Wut, Kränkung, Verärgerung

© Persen Verlag GmbH, Buxtehude

Rollenspiel

Regieanweisung: Bei Kevin gibt es heute eine Party. Mitten im Wohnzimmer stehen Jens und Pia und küssen sich (umarmen sich). Lars sitzt mit seinem Kumpel Timo auf dem Sofa und beobachtet die beiden.

Lars: „Guck dir das an. Die beiden küssen sich jetzt ganz schön lange."
Timo: „Meinst du, die sind schon lange zusammen?"
Lars: „Das weiß ich nicht. Vielleicht sind sie ja auch gar kein Paar. Auf jeden Fall ist das Mädchen echt süß!"

Regieanweisung: Jens geht, um sich etwas zu essen zu holen.

Jens: „Ich gehe mir mal was zu essen holen und quatsche ein bisschen mit Robin."
Pia: „Ist in Ordnung. Ich gucke so lange mal, wen ich hier sonst noch so kenne."

Regieanweisung: Jens geht aus dem Wohnzimmer hinaus. Pia schaut sich um und bemerkt die zwei Jungen auf dem Sofa.
Sie schaut Lars frech an. Der lächelt ebenso frech und kommt dann auf sie zu.

Lars: „Ist dein Freund etwa schon weg? Der sollte dich hier nicht alleine stehen lassen."
Pia: „Meinst du nicht, dass ich auch ganz gut auf mich alleine aufpassen kann?"
Lars: „Ich bin mir nicht sicher. Vielleicht finde ich das ja heute noch raus."

Regieanweisung: Pia lacht über den Spruch von Lars. Die beiden stehen ziemlich eng voreinander, weil die Musik so laut ist. Sie unterhalten sich und lachen.
Da kommt Jens zurück. Er schaut Lars und Pia sauer an.

C. Bunsen: Bildergeschichten aus dem echten Leben
© Persen Verlag GmbH, Buxtehude

Diskussion

Schreibe deine Argumente auf.

Gruppe 1: **Ich finde, man darf flirten, wenn man eine Beziehung hat, weil ...**

Diskussion

Schreibe deine Argumente auf.

Gruppe 2: **Ich finde, man sollte nicht flirten, wenn man eine Beziehung hat, weil ...**

© Persen Verlag GmbH, Buxtehude

Schreibe eine Reizwortgeschichte.

Folgende Wörter sollen in der Geschichte vorkommen:

überrascht — eifersüchtig

Blick — Paar

Mädchen — anlächeln

interessant — attraktiv

Schreibe die Geschichte weiter.

Schau dir die Bildergeschichte genau an.
Lies den Geschichtenanfang und schreibe die Geschichte weiter.
Finde auch ein passendes Ende.

Heute ist Kevins Party. Er hat etwa 15 Freunde zu sich nach Hause eingeladen. Die meisten halten sich im Wohnzimmer auf. Mitten im Getümmel stehen Jens und Pia im Wohnzimmer und küssen sich. Nach einiger Zeit ...

C. Bunsen: Bildergeschichten aus dem echten Leben
© Persen Verlag GmbH, Buxtehude

Treffende Verben

feiern, tanzen, lachen, sich unterhalten

sich küssen

weggehen, wegdrehen, rausgehen, verlassen

umdrehen, herumdrehen, herübersehen, ansehen

ansprechen, sich unterhalten, miteinander reden

flirten, ansprechen, anlächeln

sich ärgern, wüten, vor Wut kochen, toben

Treffende Adjektive

selbstbewusst, lässig, cool, frech, interessiert

attraktiv, hübsch, anziehend

interessiert, aufmunternd, auffordernd, anzüglich, elektrisiert

überrascht, irritiert, erstaunt

verärgert, genervt, wütend, ungehalten, sauer, traurig, enttäuscht

© Persen Verlag GmbH, Buxtehude

Aufgabe: Kevins Party

Kurze Zeit später beschließt Lars, trotzdem zu ihr rüberzugehen, bevor ihr Freund wieder auftaucht. Pia lächelt Lars wieder an. Daraufhin fragt Lars: „Ist dein Freund etwa schon weg? Der sollte dich hier nicht alleine stehen lassen." Pia muss über diese Bemerkung lachen. Sie fragt frech zurück: „Meinst du nicht, dass ich auch ganz gut auf mich alleine aufpassen kann?" **E**

Am Rande des Wohnzimmers fallen ihr zwei Jungen auf. Die beiden sitzen auf dem Sofa und beobachten die Partygäste. Einer der beiden heißt Lars. Er sitzt extrem lässig da und guckt Pia auf einmal ganz frech direkt in die Augen. Daraufhin guckt sie ganz selbstbewusst zurück. Das gefällt Lars. Er denkt: „Sie ist echt süß. Schade, dass sie einen Freund hat!" **R**

Als die beiden gerade ziemlich nah beieinanderstehen und sich lachend unterhalten, kommt Pias Freund zurück ins Wohnzimmer. Er sieht die beiden verärgert an und geht auf sie zu. **CH**

Heute ist Kevins Party. Er hat etwa 15 Freunde zu sich nach Hause eingeladen. Die meisten halten sich im Wohnzimmer auf. Mitten im Getümmel stehen Jens und Pia im Wohnzimmer und küssen sich. Nach einiger Zeit lösen sie sich voneinander und Jens sagt: „Ich gehe mir mal was zu essen holen und quatsche ein bisschen mit Robin." Pia nickt und sagt: „Ist in Ordnung. Ich gucke so lange mal, wen ich hier sonst noch so kenne." **F**

Lösungswort:

1	2	3	4

C. Bunsen: Bildergeschichten aus dem echten Leben
© Persen Verlag GmbH, Buxtehude

Kevins Party

1. Ordne die Abschnitte und finde das Lösungswort.
2. Unterstreiche alle Nomen grün und alle Adjektive blau.
3. Die Geschichte ist schon länger her.
   Schreibe die Geschichte in der einfachen Vergangenheit auf.

C. Bunsen: Bildergeschichten aus dem echten Leben
© Persen Verlag GmbH, Buxtehude

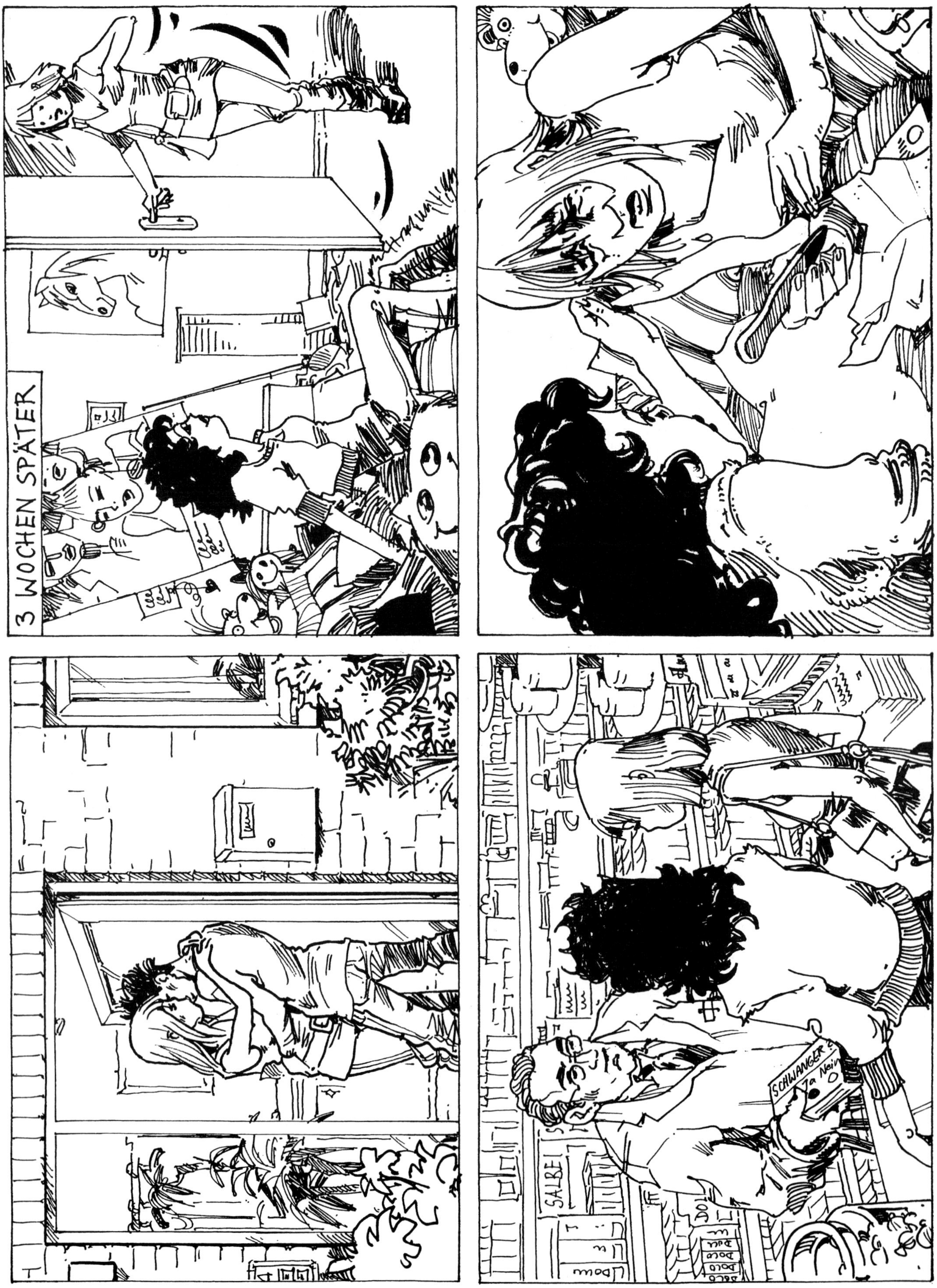

C. Bunsen: Bildergeschichten aus dem echten Leben
© Persen Verlag GmbH, Buxtehude

Möglichkeiten, wie die Geschichte enden könnte

1. Der Schwangerschaftstest beim Frauenarzt war negativ und das Mädchen ist überrascht, dass es doch nicht schwanger ist.
2. Der Schwangerschaftstest war positiv und das Mädchen ist verzweifelt. Sie fährt zu ihrem Freund. Der ist erst einmal geschockt. Nach einiger Zeit aber unterhalten sich beide darüber, wie es für sie weitergehen kann.
3. Der Freund des Mädchens freut sich nach dem ersten Schrecken auf sein Kind und beide planen, wie sie die Versorgung des Säuglings, ihren eigenen Schulbesuch oder das Arbeiten organisieren können. Anschließend besprechen sie alles gemeinsam mit ihren Eltern.
4. Der Freund des Mädchens freut sich eigentlich auf das Kind. Er hat aber auch Angst, dass die beiden das nicht alleine schaffen können. Sie beschließen, sich beim Jugendamt und bei „pro familia" beraten zu lassen.
5. Beide finden ein Kind in ihrem Alter undenkbar. Sie beschließen jedoch, das Baby zu bekommen und anschließend zur Adoption freizugeben.
6. Der Schwangerschaftstest beim Frauenarzt war positiv und das Mädchen ist verzweifelt, weil sie schwanger ist. Sie beschließt, das Kind abtreiben zu lassen.
7. Der Freund ist total überfordert mit der Situation und trennt sich von dem Mädchen.

Wörterliste zum Erzählen oder Schreiben der Geschichte

Einfamilienhaus, Haustür

Kuss, Verabschiedung
(sich) küssen, verabschieden
liebevoll, zärtlich, innig, verliebt

Apotheke, Apotheker, Theke, Verkaufsraum, Regal, Medikamente, Arzneimittel, Schwangerschaftstest
kaufen, besorgen, machen, durchführen
aufgeregt, nervös, unruhig, unsicher, beunruhigt, aufgewühlt

Ergebnis, Testergebnis
positiv (schwanger), negativ (nicht schwanger)
verwirrt, verzweifelt, traurig, ratlos, schockiert, geschockt
mitfühlend, einfühlsam, tröstend, freundschaftlich

© Persen Verlag GmbH, Buxtehude

Rollenspiel

Regieanweisung: Am späten Abend verabschiedet sich Rene von seiner Freundin Jasmin.

Rene: „Komm gut nach Hause und vergiss mich nicht. Ich rufe dich morgen Mittag an."
Jasmin: „Ja, da freue ich mich schon drauf! Schlaf gleich gut."
Rene: „Tschüss. Ich hab dich lieb!"
Jasmin: „Ich dich auch! Bis dann."

Regieanweisung: Drei Wochen später ist Jasmin gar nicht mehr so glücklich. Sie läuft ganz hektisch zu ihrer Freundin und stürmt ins Zimmer.

Jasmin: „Hallo! Gut, dass du zu Hause bist. Ich muss dir dringend was erzählen!"
Nina: „Hi! Was ist denn bloß passiert. Du bist ja vollkommen durcheinander! Setz dich hin und erzähl."
Jasmin: „Ich glaube, ich bin schwanger! Ich müsste eigentlich schon längst meine Tage haben!"
Nina: „Oh je! Bist du sicher?"
Jasmin: „Nein! Aber was mach ich denn jetzt bloß?"
Nina: „Jetzt bleib erst einmal ruhig. Du weißt ja noch gar nicht, ob du wirklich schwanger bist. Lass uns einen Schwangerschaftstest aus der Apotheke holen und das Ergebnis abwarten."
Jasmin: „Du hast ja recht. Würdest du wirklich mitkommen?"
Nina: „Na klar! Lass uns gehen."

Regieanweisung: Vor der Apotheke bleiben die Mädchen kurz stehen, gehen dann aber doch rein und warten auf den Apotheker.

Apotheker: „Guten Tag! Was kann ich für Sie tun?"
Jasmin: „Guten Tag! Einen Schwangerschaftstest, bitte."
Apotheker: „Den haben wir hier. Das macht dann 11,97 Euro, bitte."
Jasmin: „Danke. Die habe ich klein. Bitteschön."
Apotheker: „Vielen Dank und auf Wiedersehen."
Jasmin: „Auf Wiedersehen."

↓

C. Bunsen: Bildergeschichten aus dem echten Leben
© Persen Verlag GmbH, Buxtehude

↓

Regieanweisung: Die beiden Mädchen verlassen die Apotheke und gehen schnell zurück nach Hause. Dort öffnet Jasmin nervös die Verpackung, liest sich den Beipackzettel durch und macht den Schwangerschaftstest.

Jasmin: „So, 10 Minuten sind rum! Jetzt können wir das Ergebnis ablesen."

Regieanweisung: Jasmin nimmt den Test und schaut sich das Ergebnis an.

Jasmin: „Oh nein, ich bin schwanger!"
Nina: „Echt? Bist du dir sicher? Zeig mal! – Du hast leider recht. Was machen wir denn jetzt?"

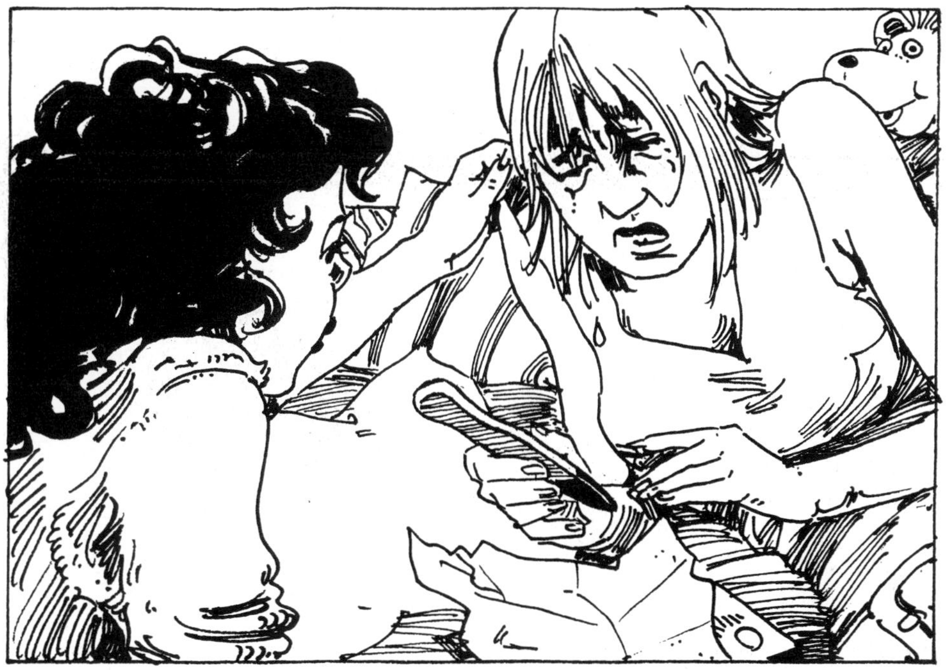

© Persen Verlag GmbH, Buxtehude

Diskussion

Schreibe deine Argumente auf.

Gruppe 1: **Ich finde, das Mädchen sollte das Baby bekommen, weil ...**

Diskussion

Schreibe deine Argumente auf.

Gruppe 2: **Ich finde, das Mädchen sollte das Baby nicht bekommen, weil ...**

© Persen Verlag GmbH, Buxtehude

Schreibe eine Reizwortgeschichte.

Folgende Wörter sollen in der Geschichte vorkommen:

Lösung Junge

entscheiden Mädchen

Verantwortung verliebt

Ergebnis unsicher

durchführen schwanger

Apotheke Schwangerschaftstest

Schreibe die Geschichte weiter.

Schau dir die Bildergeschichte genau an.
Lies den Geschichtenanfang und schreibe die Geschichte weiter.
Finde auch ein passendes Ende.

Rene verabschiedet sich an der Haustür von seiner Freundin Jasmin. Er küsst sie zärtlich zum Abschied. Anschließend flüstert er ihr noch ins Ohr: „Komm gut nach Hause und vergiss mich nicht. Ich rufe dich morgen Mittag an." Jasmin antwortet leise: „Ja, da freue ich mich schon drauf! Schlaf gleich gut."
Dann geht sie zum Bus und fährt zu sich nach Hause.

Drei Wochen später ...

© Persen Verlag GmbH, Buxtehude

Treffende Verben

(sich) küssen, verabschieden

erzählen, berichten

kaufen, besorgen

machen, durchführen

sich um ... kümmern, um ... besorgt sein

Treffende Adjektive

liebevoll, zärtlich, innig, verliebt

aufgeregt, nervös, unruhig, unsicher, beunruhigt, aufgewühlt

positiv (schwanger), negativ (nicht schwanger)

verwirrt, verzweifelt, traurig, ratlos, schockiert, geschockt

mitfühlend, einfühlsam, tröstend, freundschaftlich

C. Bunsen: Bildergeschichten aus dem echten Leben
© Persen Verlag GmbH, Buxtehude

Aufgabe: Das Ergebnis

Nachdem sie die Anleitung gelesen haben, macht Jasmin den Test. Anschließend muss sie 10 Minuten warten und jammert immer wieder: „Ist die Zeit noch immer nicht rum?" Irgendwann ist die Wartezeit endlich vorbei und Jasmin bittet ihre Freundin: „Guck du nach. Ich traue mich nicht." Leider muss Nina ihrer Freundin mitteilen: „Oh, das Testergebnis ist positiv. Das heißt, du bist wahrscheinlich schwanger." Da bleibt Jasmin erst einmal auf Ninas Bett sitzen und weint. Doch schon nach kurzer Zeit reißt sie sich zusammen und beschließt: „Dann mache ich jetzt am besten einen Termin beim Frauenarzt. Kommst du mit zur Untersuchung?" Nina antwortet mitfühlend: „Na klar! Ruf direkt an. Hier hast du das Telefon." **T**

Rene verabschiedet sich an der Haustür von seiner Freundin Jasmin. Er küsst sie zärtlich zum Abschied. Anschließend flüstert er ihr noch ins Ohr: „Komm gut nach Hause und vergiss mich nicht. Ich rufe dich morgen Mittag mal an." Jasmin antwortet leise: „Ja, da freue ich mich schon drauf! Schlaf gleich gut." Dann geht sie zum Bus und fährt zu sich nach Hause. **T**

Anschließend gehen die beiden Mädchen zur Apotheke. Der Apotheker ist ein ruhiger, freundlicher Mann. Dadurch traut sich Jasmin nach kurzem Zögern: „Guten Tag! Einen Schwangerschaftstest, bitte." Sie ist froh, dass der Apotheker keine blöden Fragen stellt. Er gibt ihr einen Test. Jasmin bezahlt hektisch und verabschiedet sich: „Auf Wiedersehen!" Danach gehen die beiden Freundinnen ganz schnell zurück nach Hause, um den Test durchzuführen. **S**

Drei Wochen später kommt Jasmin ganz hektisch in das Zimmer ihrer besten Freundin. Sie erzählt nervös drauflos, dass sie Angst hat, schwanger zu sein. Nina hört zuerst bloß erstaunt zu. Dann sagt sie mit beruhigender Stimme: „Jetzt bleib erst einmal ruhig. Du weißt ja noch gar nicht, ob du wirklich schwanger bist. Lass uns einen Schwangerschaftstest aus der Apotheke holen und das Ergebnis abwarten." Dieses Angebot freut Jasmin und sie schafft es, kurz zu lächeln. **E**

Lösungswort:

1	2	3	4

© Persen Verlag GmbH, Buxtehude

Das Ergebnis

1. Ordne die Abschnitte und finde das Lösungswort.
2. Unterstreiche alle Nomen grün und alle Adjektive blau.
3. Die Geschichte ist schon länger her.
   Schreibe die Geschichte in der einfachen Vergangenheit auf.

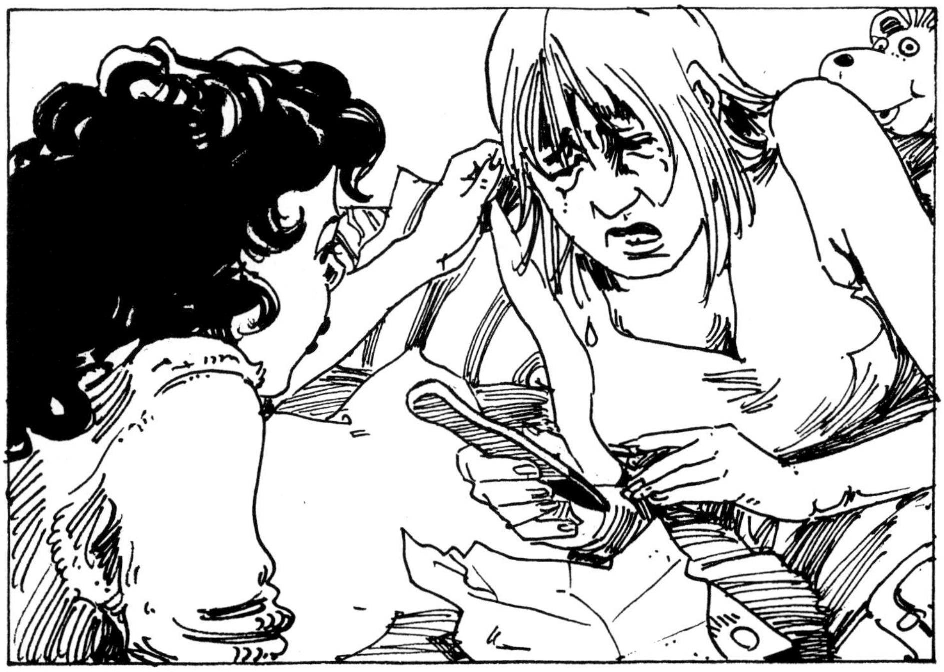

C. Bunsen: Bildergeschichten aus dem echten Leben
© Persen Verlag GmbH, Buxtehude

Internetportale/Zusatzinformationen zum Thema Schwangerschaft

www.profamilia.de
Die Internetadresse www.profamilia.de bietet u. a. spezielle Seiten für Jugendliche. Hier findet man beispielsweise eine Möglichkeit zur persönlichen Online-Beratung, Informationen zu Sexualität, Verhütung, Geschlechtskrankheiten sowie Schwangerschaft und eine nach Bundesländern geordnete Liste von Beratungsstellen und Medizinischen Zentren.

www.bzga.de
Der Internetauftritt der Bundeszentrale für gesundheitliche Aufklärung bietet zahlreiche Medien und Materialien rund um den Bereich Sexualität an. Hierbei handelt es sich teilweise um speziell für den Unterricht konzipierte Materialien.

Kontakt:
Bundeszentrale für gesundheitliche Aufklärung
Ostmerheimer Str. 220
51109 Köln
Tel.: 0221/8992-0
Fax: 0221/8992-300

www.machsmit.de
Unter www.machsmit.de findet man Informationsbroschüren, Unterrichtsmaterialien, Wettbewerbe, Spiele und Rätsel rund um das Thema Aidsprävention, Sexualität und Verhütung. Darüber hinaus bieten auch diese Seiten eine persönliche Online-Beratung, Telefonberatung (inklusive Telefonnummern für fremdsprachige Telefonberatung) und eine Liste häufig gestellter Fragen.

www.aufklaerungsstunde.de
Hier können Lehrpersonen jährlich ein Schulpaket von „Johnson & Johnson" bestellen sowie eine Lehrermappe mit Anregungen zur Unterrichtsgestaltung. Darüber hinaus findet man hier animiertes Unterrichtsmaterial zur Entwicklung des Körpers sowie zu Zyklus und Monatshygiene und druckbares Unterrichtsmaterial.

www.loveline.de
Der Internetauftritt von www.loveline.de ist an Jugendliche adressiert. Sie finden hier Informationen rund um Pubertät, Verhütung, das erste Mal etc. Zudem gibt es ein virtuelles Liebeslexikon, E-Cards, Möglichkeiten zur Bestellung von Broschüren, Spiele, Meinungsumfragen etc.

© Persen Verlag GmbH, Buxtehude

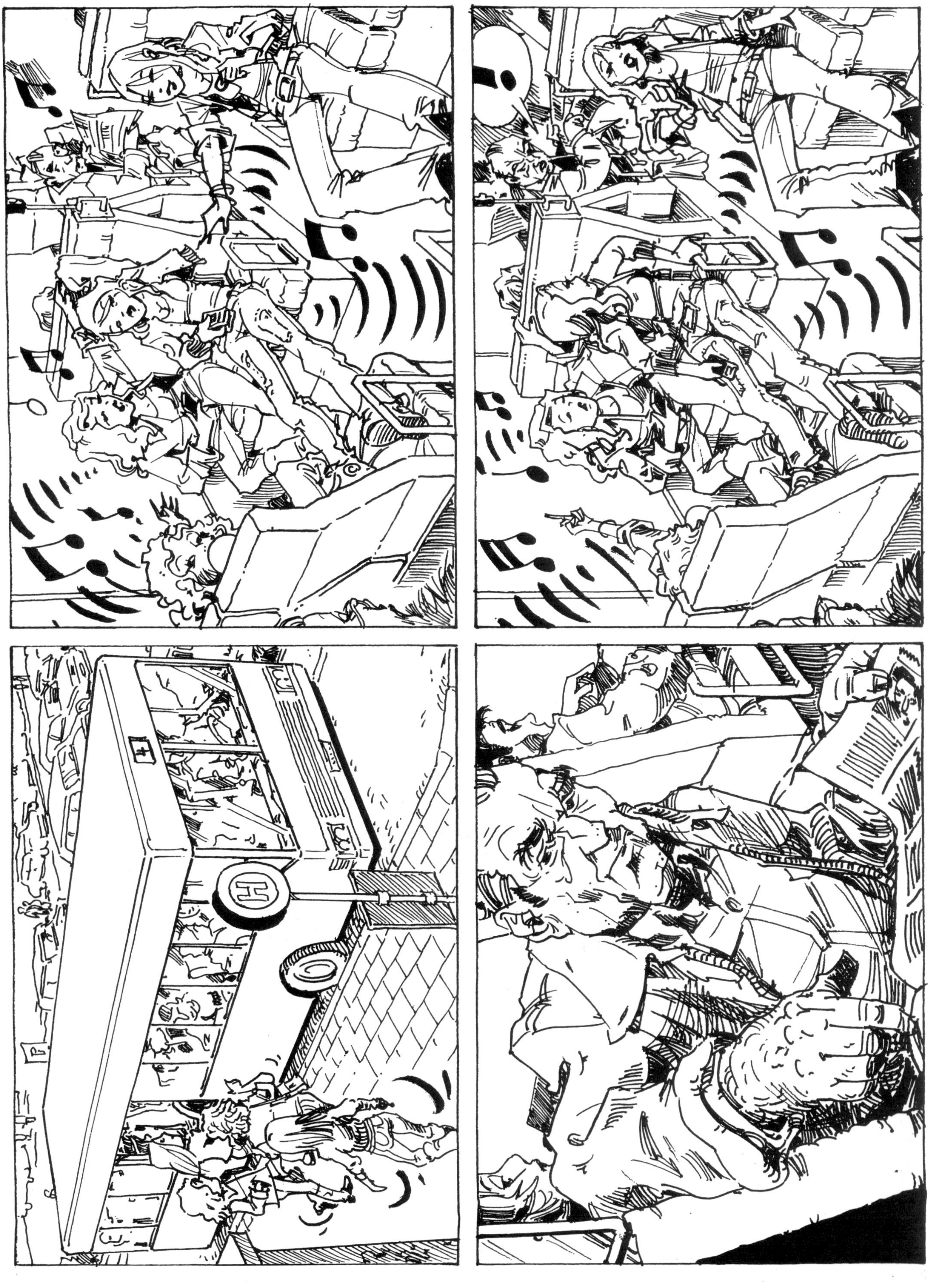

C. Bunsen: Bildergeschichten aus dem echten Leben
© Persen Verlag GmbH, Buxtehude

Möglichkeiten, wie die Geschichte enden könnte

1. Der Mann spricht die Mädchen noch einmal an. Diesmal ist er deutlich unfreundlicher. Da hören die Mädchen ihm doch zu und sind leiser.
2. Der Mann spricht die Mädchen noch einmal an. Diesmal ist er deutlich unfreundlicher. Die Mädchen fühlen sich genervt.
3. Der Mann geht zum Busfahrer und beschwert sich über die Mädchen. Der Busfahrer hat den Lärm der Mädchen mittlerweile auch mitbekommen und ermahnt sie über Lautsprecher.
4. Der Mann geht zum Busfahrer und beschwert sich über die Mädchen. Der Busfahrer lässt sie an der nächsten Haltestelle aussteigen.

Wörterliste zum Erzählen oder Schreiben der Geschichte

Bus, Omnibus, Linienbus
    einsteigen, hineingehen
    sich im Bus befinden, stehen, sitzen

Mädchen, Freundinnen, Fahrgäste, Mitfahrer
    Sitz, Vierersitz, Nachbarsitz, gegenüberliegender Sitz
    miteinander reden, plaudern, quatschen, quasseln, plappern, albern

laut, schrill, störend, lästig, unverschämt

genervt, gestört, belästigt, ungehalten

verständnislos, teilnahmslos, rücksichtslos

sich beschweren, ermahnen

© Persen Verlag GmbH, Buxtehude

Rollenspiel

Regieanweisung: Am Nachmittag steigen 4 Mädchen erzählend und lachend in einen Linienbus ein. Sie wollen zum Einkaufen in die Stadt.

Sarah: „Super, dass der Bus pünktlich ist! Dann können wir gleich endlich nach neuen T-Shirts gucken."
Katja: „Ja, ja. Aber gib mir erstmal dein Handy. Ich möchte deine neuen Lieder hören."
Sarah: „Die findest du doch eh nicht. Ich spiele sie dir besser laut vor."
Svenja: „Oh, ja! Dann kann ich auch mithören."
Katrin: „Aber mach die Musik auch richtig laut, sodass wir alle gut hören können!"

Regieanweisung: Das laute Reden und die Musik der Mädchen stören die anderen Fahrgäste immer mehr. Einige Leute schauen sich schon zu den Mädchen um.

Sarah: „Ist doch super, oder nicht? Ich finde den Klang genial."
Svenja: „Ja, aber mach noch ein bisschen lauter."

Regieanweisung: Ein älterer Herr, der vor den Mädchen sitzt, dreht sich zu ihnen um und spricht sie freundlich an.

Mann: „Entschuldigung! Könnt ihr bitte etwas leiser sein?"

Regieanweisung: Die Mädchen hören den älteren Herrn scheinbar gar nicht. Sie reden munter weiter.

Katja: „Das Lied ist ja super. Das musst du mir unbedingt schicken!"
Katrin: „Hey, seht ihr den Jungen da an der Haltestelle?"
Svenja: „Den mit den langen Haaren? Ja, der ist ja süß!"

Regieanweisung: Der Mann spricht die Mädchen noch einmal an. Diesmal deutlich strenger.

Mann: „Mensch, Mädchen! Ich möchte wirklich ein bisschen mehr Ruhe haben! Ihr seid hier nicht alleine im Bus! Ich kann also erwarten, dass ihr ein wenig Rücksicht nehmt!"

C. Bunsen: Bildergeschichten aus dem echten Leben
© Persen Verlag GmbH, Buxtehude

Diskussion

Schreibe deine Argumente auf.

Gruppe 1: **Ich finde, man sollte in der Öffentlichkeit Rücksicht auf andere nehmen, weil ...**

Diskussion

Schreibe deine Argumente auf.

Gruppe 2: **Ich finde, man muss in der Öffentlichkeit keine Rücksicht auf andere nehmen, weil ...**

© Persen Verlag GmbH, Buxtehude

Diskussion

Schreibe deine Argumente auf.

Gruppe 1: **Ich finde, man sollte anderen sagen, dass man sich von ihnen gestört fühlt, weil ...**

Diskussion

Schreibe deine Argumente auf.

Gruppe 2: **Ich finde, man sollte anderen nicht sagen, dass man sich von ihnen gestört fühlt, weil ...**

C. Bunsen: Bildergeschichten aus dem echten Leben
© Persen Verlag GmbH, Buxtehude

Schreibe eine Reizwortgeschichte.

Folgende Wörter sollen in der Geschichte vorkommen:

Rücksicht
stören
quatschen
kichern

Mädchen
Handys
Leute
Lärm

Schreibe die Geschichte weiter.

Schau dir die Bildergeschichte genau an.
Lies den Geschichtenanfang und schreibe die Geschichte weiter.
Finde auch ein passendes Ende.

An einem Vormittag in den Ferien steigt Sarah mit ihren drei Freundinnen in einen Bus ein. Der Linienbus ist schon ziemlich voll mit Menschen aller Altersstufen. Hinten ist aber noch genügend Platz frei.

Dort verteilen sich die Mädchen auf zwei nebeneinanderliegende Vierersitze. Sarah und Svenja legen ihre Füße auf den gegenüberliegenden Sitz. Während der Fahrt ...

© Persen Verlag GmbH, Buxtehude

Treffende Verben

einsteigen, in den Bus steigen

im Bus sein, sich im Bus befinden, sich im Bus aufhalten, im Bus sitzen

albern, kichern, quatschen

belästigen, stören, nerven

sich ärgern, sich aufregen, sich gestört fühlen

anmeckern, ermahnen, sich beschweren

sich nicht um ... kümmern, sich nicht von ... stören lassen

sich entschuldigen

Treffende Adjektive

voll, gefüllt

laut, schrill, quietschend, kreischend

gedankenlos, rücksichtslos, unbekümmert, verständnislos, teilnahmslos,

unverschämt

genervt, gestört, irritiert, belästigt, ungehalten, sauer

C. Bunsen: Bildergeschichten aus dem echten Leben
© Persen Verlag GmbH, Buxtehude

Im Bus

So langsam wird der ältere Herr dann doch verärgert. Er dreht sich wieder zu den Mädchen um. Diesmal ermahnt er sie in ernstem Ton: „Mensch, Mädchen! Ihr seid hier nicht allein im Bus. Da kann ich schon erwarten, dass ihr etwas Rücksicht nehmt!“ **T**

Dort verteilen sich die Mädchen auf zwei nebeneinanderliegende Vierersitze. Sarah und Svenja legen ihre Füße auf den gegenüberliegenden Sitz. Während der Fahrt spielen die Freundinnen mit ihren Handys und MP3-Playern. Irgendwann fragt Katja sehr laut: „Kennt ihr eigentlich schon mein Foto von Tom? Das ist total niedlich!“ „Echt? Zeig mal!“, quietscht Sarah daraufhin los. Die Mädchen plappern anschließend ziemlich laut über Toms Foto. Danach spielen sie sich wieder gegenseitig die neuesten Songs vor. **A**

An einem Vormittag in den Ferien steigt Sarah mit ihren drei Freundinnen in einen Bus ein. Der Linienbus ist schon ziemlich voll mit Menschen aller Altersstufen. Hinten ist aber noch genügend Platz frei. **L**

Vor Sarah sitzt während der gesamten Unterhaltung ein älterer Herr, der sich nun zu ihnen umdreht. Er bittet sie höflich: „Entschuldigung! Könntet ihr bitte etwas leiser sein?“ **U**
Die Mädchen reden und lachen aber einfach weiter. Sie kümmern sich gar nicht um den älteren Herrn. „Hört mal zu! Dieses Lied ist super.“ „Dann mach doch mal lauter!“ Es ist den Mädchen völlig egal, ob sie die anderen Fahrgäste mit ihrem Lärm stören.

Lösungswort:

1	2	3	4

© Persen Verlag GmbH, Buxtehude

Im Bus

1. Ordne die Abschnitte und finde das Lösungswort.

2. Unterstreiche alle Nomen grün und alle Adjektive blau.

3. Die Geschichte ist schon länger her.
   Schreibe die Geschichte in der einfachen Vergangenheit auf.

C. Bunsen: Bildergeschichten aus dem echten Leben
© Persen Verlag GmbH, Buxtehude

Internetportale/Zusatzinformationen zum Thema Rücksicht

www.bzga.de
Auf der Homepage der Bundeszentrale für gesundheitliche Aufklärung findet man Unterrichtsmaterialien zur Förderung des Sozialverhaltens in den Klassen 5–9 („Achtsamkeit und Anerkennung – Klassen 5–9"). Diese können kostenlos heruntergeladen oder bestellt werden.

Bundeszentrale für gesundheitliche Aufklärung
Ostmerheimer Str. 220
51109 Köln
Tel.: 0221/8992-0
Fax: 0221/8992-300

www.hoeflichkeit-macht-schule.de
Auf diesen Seiten geht es zwar um einen Schulwettbewerb aus dem Schuljahr 2005/06, jedoch finden Lehrer hier Unterrichtsanregungen und Literaturhinweise zum Themenbereich „Höflichkeit".

Darüber hinaus findet man unter den **Stichworten „Soziales Lernen", „Höflichkeit" oder „Rücksicht"** im Internet zahlreiche Projekte unterschiedlicher Schulen. Dieselben Stichworte helfen auch bei der Literatursuche oder Suche nach Unterrichtsmaterialien.

© Persen Verlag GmbH, Buxtehude

Möglichkeiten, wie die Geschichte enden könnte

1. Der angegriffene Junge schreckt vor dem Messer zurück und verschwindet mit seinen Freunden.

2. Die Freunde des angegriffenen Jungen sehen das Messer und ziehen ihren Kumpel schnell aus dem Jugendtreff heraus.

3. Der angegriffene Junge lässt sich von dem Messer nicht erschrecken. Er kämpft mit seinen Fäusten weiter, bis er durch das Messer gefährlich verletzt wird. Der Angreifer flüchtet. Die Freunde rufen einen Notarzt. Die Polizei kann den Täter später fassen.

4. Der angegriffene Junge lässt sich von dem Messer nicht erschrecken. Er zieht sein eigenes Messer aus der Tasche. Beide Jungen kämpfen, bis der erste zu schwer verletzt ist. Einer der umstehenden Jugendlichen informiert Notarzt und Polizei.

5. Die Freunde des angegriffenen Jungen sehen das Messer und reißen es dem Angreifer gemeinsam aus der Hand. Sie halten den Angreifer fest und rufen die Polizei.

Wörterliste zum Erzählen oder Schreiben der Geschichte

kleines Haus, Jugendtreff, Jugendclub, „Offene Tür"
Park, Parkanlage, Grünanlage, Spazierweg, Fußgängerweg

Kicker, Tischfußball
spielen, eifrig, ehrgeizig, begeistert, mit viel Spaß

Sofa, Couch, Sofatisch, Couchtisch, Darts, Dartscheibe, Pfeile, Poster, Malereien, Graffiti

Gruppe, Bande, Anführer, Jungs, Kumpel
rangeln, streiten, kämpfen, schlagen, prügeln
verteidigen, beharren, stur bleiben, weglaufen, verschwinden, flüchten

Messer, Taschenmesser,
bedrohen, bedrängen, wegstoßen, wegschubsen, schubsen, abdrängen, vertreiben, vergraulen, einschüchtern, beeindrucken

© Persen Verlag GmbH, Buxtehude

Rollenspiel

Tipp: Wichtig ist, WIE ihr spielt: Wie ihr euch bewegt und wie ihr sprecht.

Regieanweisung: Kevin geht mit seinen Freunden zum Jugendtreff. Unterwegs freut er sich schon.

Kevin: „Heute haben wir endlich nochmal Zeit zum Kickern!"
Mike: „Ja, endlich! Das ist super! Lasst uns zwei gegen zwei spielen!"

Regieanweisung: Die Jungen betreten den Jugendtreff. Sie sehen erstaunt, dass der Kicker schon besetzt ist. Da wird Kevin sauer.

Kevin: „Hey, haut ab! Wir sind jetzt dran mit Kickern!"

Regieanweisung: Patrick und seine Freunde schauen nur kurz vom Kickertisch auf und spielen dann weiter. Das ärgert Kevin so sehr, dass er Patrick ohne Vorwarnung wegstößt.

Kevins Freunde: „Ja, Kevin, zeigs denen! Jetzt haben wir hier das Sagen!"

Regieanweisung: Patrick ist erstaunt. Dann stellt er sich trotzig vor Kevin. Dieser schubst Patrick zurück.

Patrick: „Was wollt ihr denn eigentlich? Wir waren schließlich vor euch hier! Wartet gefälligst, bis ihr dran seid!"

Regieanweisung: Kevin zieht sein Messer aus der Tasche.

Kevin: „Du bist ja wohl übergeschnappt. Wir haben hier das Sagen. Wenn ihr jetzt nicht sofort abhaut, dann ..."

C. Bunsen: Bildergeschichten aus dem echten Leben
© Persen Verlag GmbH, Buxtehude

Diskussion

Schreibe deine Argumente auf.

Gruppe 1: **Ich finde, Waffen sind keine Lösung bei Problemen, weil ...**

Diskussion

Schreibe deine Argumente auf.

Gruppe 2: **Ich finde, Waffen sind manchmal eine Lösung bei Problemen, weil ...**

© Persen Verlag GmbH, Buxtehude

Schreibe eine Reizwortgeschichte.

Folgende Wörter sollen in der Geschichte vorkommen:

sich erschrecken

Waffe

schubsen

Kumpel

Gruppe

Streit suchen

drohen

verteidigen

Schreibe die Geschichte weiter.

Schau dir die Bildergeschichte genau an.
Lies den Geschichtenanfang und schreibe die Geschichte weiter.
Finde auch ein passendes Ende.

Kevin ist mit seinen drei Kumpels auf dem Weg zum Jugendtreff. Dort wollen sie ein wenig kickern. Das kleine Haus liegt recht ruhig am Rand einer Parkanlage. Nach einem kurzen Fußweg betreten die vier Jungen den Jugendtreff. ...

C. Bunsen: Bildergeschichten aus dem echten Leben
© Persen Verlag GmbH, Buxtehude

Treffende Verben

gehen, darauf zugehen, hingehen

eintreten, betreten, hereinkommen

sein, sich befinden, sich aufhalten

spielen, ein Turnier austragen

sich wundern, sich ärgern, sich aufregen

anmeckern, wegschicken, bedrohen, bedrängen

haben, besitzen, bei sich tragen

ziehen, zücken, hervorholen

Treffende Adjektive

entspannt, lässig, cool

vertieft, konzentriert, eifrig, lustig, begeistert

aggressiv, angriffslustig, entschlossen, rüpelhaft, wütend, einschüchternd

überrascht, erstaunt, überrumpelt, sprachlos

trotzig, frech, standhaft, wehrhaft

verängstigt, gefährlich, riskant

© Persen Verlag GmbH, Buxtehude

Im Jugendtreff

Kevin ist mit seinen drei Kumpels auf dem Weg zum Jugendtreff. Dort wollen sie ein wenig kickern. Das kleine Haus liegt recht ruhig am Rand einer Parkanlage. **[Z]**

Zuerst weiß Patrick gar nicht, wie ihm geschieht. Aber schon bald schlägt seine Überraschung in Ärger um. Da stellt er sich vor Kevin und schaut ihm trotzig in die Augen. **[N]**
Doch das macht Kevin so rasend, dass er sein Messer zieht und Patrick bedroht: „Wenn ihr jetzt nicht sofort abhaut, dann ..."

Das ärgert Kevin aber so sehr, dass er Patrick ohne Vorwarnung wegstößt. Seine Kumpels scheinen das lustig zu finden und grölen: „Ja, Kevin, zeigs denen! Jetzt haben wir hier das Sagen!" **[R]**

Nach einem kurzen Fußweg betreten die vier Jungen den Jugendtreff. Da sehen sie, dass bereits vier andere Jungs am Kicker ein Turnier austragen. Währenddessen sitzen am Rand zwei Mädchen, die sich unterhalten und die Jungs immer mal wieder anfeuern. **[O]**
Kevin gefällt die Situation nicht und er schreit: „Hey, haut ab! Wir sind jetzt dran mit Kickern!"
Patrick und seine Freunde schauen nur kurz vom Kickertisch auf und spielen dann weiter.
Sie sehen es gar nicht ein, ihr Turnier wegen Kevin zu unterbrechen.

Lösungswort:

1	2	3	4

C. Bunsen: Bildergeschichten aus dem echten Leben
© Persen Verlag GmbH, Buxtehude

Im Jugendtreff

1. Ordne die Abschnitte und finde das Lösungswort.
2. Unterstreiche alle Nomen grün und alle Adjektive blau.
3. Die Geschichte ist schon länger her.
   Schreibe die Geschichte in der einfachen Vergangenheit auf.

© Persen Verlag GmbH, Buxtehude

Internetportale/Zusatzinformationen zum Thema Waffen

Polizei
Nähere Informationen oder eine persönliche Beratung zum Thema Waffenbesitz, Waffengesetz, Waffenschein etc. erhält man bei jeder Polizeibehörde. Darüber hinaus findet man polizeiliche Informationen auf den Internetseiten der Polizei (z. B. www.polizei-nrw.de oder www.polizei.niedersachsen.de oder www.polizei.bayern.de).
Außerdem bietet die Polizei für Schulen/Schulklassen verschiedenste Informationsveranstaltungen in der Schule oder auf dem Polizeigelände an. Lehrpersonen können sich bei jeder örtlichen Polizeibehörde darüber informieren.

www1.polizei-nrw.de/im/Recht/Waffengesetz/
Unter dieser Internetadresse ist das aktuelle Waffengesetz aufgeführt.

http://www.polizei.niedersachsen.de/dst/lka/praevention/gewalt/index.php
Hier finden Sie einen zweiseitigen Informationsflyer zum Thema Waffengesetz (Themen: Sind Waffen cool; Wer darf eine Waffe tragen; Verbotene Waffen ...)

http://www.polizei-beratung.de/vorbeugung/jugendkriminalitaet/gewalt_an_schulen/
Auf dieser Internetseite findet man Filmszenen und einen Medienordner zum Thema Gewalt.
Filmszenen „Abseits“: In fünf Kurzepisoden (Gesamtdauer: ca. 15 Minuten) werden verschiedene Formen der Gewalt thematisiert. Diese können kostenlos heruntergeladen werden.
Medienordner„Herausforderung und Gewalt“: Das Programm „Polizeiliche Kriminalprävention“ hat in Zusammenarbeit mit anderen in der Jugendarbeit tätigen Organisationen sowie unter wissenschaftlicher Beratung einen pädagogischen Medienordner und Projektleitfaden unter dem Titel "Herausforderung Gewalt" erarbeitet. Diese Handreichungen stehen auf der Homepage zum kostenlosen Herunterladen bereit.

C. Bunsen: Bildergeschichten aus dem echten Leben
© Persen Verlag GmbH, Buxtehude

© Persen Verlag GmbH, Buxtehude

Nachhaltiges Lernen für alle Lebenslagen!

Unterrichtsideen und Kopiervorlagen

Bergedorfer®

Katrin Wemmer

Die erste eigene Wohnung

Methodentraining zur Vermittlung lebenspraktischer Kompetenzen

Kopiervorlagen für die Sekundarstufe

96 Seiten, DIN A4, kartoniert Best.-Nr. **3624**

Wo suche ich nach einer passenden Wohnung? Wie richte ich sie preiswert ein? Welche rechte und Pflichten habe ich als Mieter?

Mit den ersten Gedanken an einen Auszug tauchen viele Fragen auf. Lehrkräfte bekommen mit, dass Schüler/-innen vielen Bereichen zum Thema Wohnungssuche sowie den Rechten und Pflichten als Mieter ratlos gegenüberstehen. Oftmals kommt noch hinzu, dass Wünsche und finanzielle Möglichkeiten weit auseinander liegen.

Mit diesem Werk können Lehrer/-innen jeder Schulform ihren Schülerinnen und Schülern lebensnahe und **für die eigenen Selbstständigkeit notwendige Handlungskompetenzen** vermitteln. Detailliert, konkret und anschaulich werden relevante Aspekte rund um das Thema Wohnung aufgegriffen und geklärt, wie z. B. das „Übersetzen" von Wohnungs- und Hausratsanzeigen in Zeitungen.

Die Schüler/-innen vertiefen in einem **Stationsverfahren** ihre Kenntnisse der Informationsbeschaffung im Umgang mit Zeitungen, Gelben Seiten und Internet. Die lebensnahen Aufgabenstellungen motivieren zu einem **realistischen Umgang mit dem Thema**. Es eignet sich für den fächerübergreifenden Unterricht und als Projekt ab Ende der Sekundarstufe I.

Arbeitsgemeinschaft Leseförderung

Einfache und altersgemäße Lesetexte für Jugendliche

29 Texte und Kopiervorlagen

■ **Verschiedene Textsorten mit Arbeitsblättern**
Buch, 92 Seiten, DIN A4 – **Ab 7. Schuljahr**
Best.-Nr. **3703**

■ **Lesen – einfach cool!**
Taschenbuch, 128 Seiten
Ab 7. Schuljahr Best.-Nr. **3704**

Stellen Sie sich auch immer wieder die Frage: Lesen ja – aber was? Die Antwort fällt gerade bei Jugendlichen mit geistiger Behinderung und Kindern mit geringen Lesekompetenzen nicht leicht! Genau hier setzen diese Lesetexte an: Diese Kombination aus Taschenbuch und Unterrichtshilfe bietet Texte, die den Lesefähigkeiten Ihrer Schüler/-innen entsprechen und die dabei altersgemäße Themen aufgreifen! Im Taschenbuch finden Sie 29 einfache Lesetexte, die unterschiedliche Textformen aufgreifen: Geschichten, Sachtexte, Gedichte und Rätsel. Die Unterrichtshilfe basiert auf den Texten in vereinfachter Form und auf vielseitigen Arbeitsblättern.

Damit haben Sie für jede Stufe der Lesekompetenz das passende Material parat!

Notker Karcher

Werkstufe konkret – Freizeit und Wohnen

Lernen mit Bildern
Mit Kopiervorlagen

136 Seiten, DIN A4, kartoniert Best.-Nr. **3425**

„Freizeit" und „Wohnen" sind **zentrale Themen des täglichen Lebens**. Zu jedem Thema gibt es **Kopiervorlagen mit und ohne Text**. Der gleich bleibende Aufbau und die eindeutigen Illustrationen ermöglichen das selbstständige Festigen und Vertiefen von Lerninhalten. Die Schüler/-innen arbeiten **handlungsorientiert und praxisnah**: Sie kleben mit Bildern Packlisten für die Klassenfahrt, überlegen anhand von Impulsbildern, wie sie im Haushalt mithelfen können, oder zeichnen, wie sie sich ihr Jugendzimmer einrichten würden u. v. m.

Persen **BESTELLCOUPON** Persen

Ja, bitte senden Sie mir/uns mit Rechnung

____ Expl. ____________________ Best.-Nr. ______

____ Expl. ____________________ Best.-Nr. ______

____ Expl. ____________________ Best.-Nr. ______

____ Expl. ____________________ Best.-Nr. ______

☐ Ja, bitte schicken Sie mir kostenlos Ihren aktuellen Gesamtkatalog zu.

Bestellcoupon bitte kopieren und einsenden an:

Persen Verlag GmbH
Postfach 1656
D-21606 Buxtehude

Oder bestellen Sie bequem direkt bei uns!

Tel.: 0 41 61 / 7 49 60-40
Fax: 0 41 61 / 7 49 60-50
www.persen.de

Meine Anschrift lautet:

Name/Vorname

Straße

PLZ/Ort

Telefon (für eventuelle Rückfragen)

E-Mail

Schultyp

Fächer

Datum/Unterschrift

Die Bestelldaten werden für eigene Zwecke unter Beachtung der einschlägigen Datenschutzgesetze gespeichert.
Mit der Angabe meiner E-Mail-Adresse erteile ich die jederzeit widerrufliche Zustimmung zum Erhalt von Informationen per E-Mail.